CAMPAGNE DE 1832.

SIÉGE

DE LA CITADELLE

D'ANVERS

Par l'Armée Française,

Sous les ordres du Maréchal Comte GÉRARD.

A PARIS,

CHEZ TOUS LES LIBRAIRES.

A BRUXELLES, chez Hauman. | A LONDRES, chez Bossange,
A LAHAYE, Voloke. | Barthès et Lowell.
A AMSTERDAM, Dufour et Cie. | A GENÈVE, Ab. Cherbuliez.

1833

CAMPAGNE DE 1832

EN BELGIQUE.

Gloire à vous, Chassé et Gérard, vous avez prouvé tous deux à l'Europe que vous étiez de l'école de celui qui se découvrit la tête devant les prisonniers de Friedland ! . . . .

. . . .

. . . .

Des gouvernemens de majorité factice font un crime à Guillaume d'oser décliner leurs iniques arrêts et de braver l'Europe, appuyé qu'il est par le concours unanime de son peuple : l'on appelle cela *entêtement !* L'épée de Napoléon fut brisée par de lâches défections..... elle fut souillée ensuite par de misérables nains politiques qui osèrent lui faire un crime d'avoir trouvé la France trop petite pour sa taille colossale : . . . . . Mais si, pour enflammer les soldats de la France, l'on a dû ressusciter les gloires de l'Empire, les rois aussi, dans leurs détresses, citeront pour modèle à leurs peuples la *constance* de la nation hollandaise ; et les peuples, trahis par leurs gouvernans, demanderont à la Providence un roi courageux comme Guillaume de Nassau.

PARIS, IMPRIMERIE DE DECOURCHANT,
Rue d'Erfurth, n° 1, près de l'Abbaye.

SIÉGE

DE LA

CITADELLE D'ANVERS

PAR L'ARMÉE FRANÇAISE,

Sous les ordres du maréchal comte Gérard.

« Il était temps : le général Chassé s'est conduit en
» homme d'honneur, il ne pouvait tenir un jour de
» plus. »   (*Le maréchal* GÉRARD.)

. . . .

« Ce jour, Monseigneur, est le plus infortuné de ma
» vie ; j'aurais volontiers terminé ici ma carrière par
» une mort glorieuse, mais il ne me l'a pas été permis.
» J'aurai l'honneur d'envoyer à Votre Excellence, à
» la première occasion, les noms de ceux qui se sont
» distingués dans ce siége si déplorable, afin que vous
» puissiez les faire connaître à Sa Majesté notre roi.
                            » *Le baron* CHASSÉ. »
(*Lettre au ministre de la guerre des Pays-Bas.*)

A PARIS,

CHEZ TOUS LES LIBRAIRES.

A BRUXELLES, chez Hauman.   A LONDRES, chez Bossange,
A LAHAYE, Voloke.   Barthès et Lowell.
A AMSTERDAM, Dufour et Cᶦᶜ.   A GENÈVE, Ab. Cherbuliez.

1833

Un Mois

EN BELGIQUE.

« Je vis tant de choses, que je ne pus résis-
» ter au desir d'en faire une macédoine.
  » *Un officier de l'armée expéditionnaire.* »

Je réunis toutes ces choses et je les publiai
sous le titre de Siége d'Anvers.

Le Ch. DE RICHEMONT.

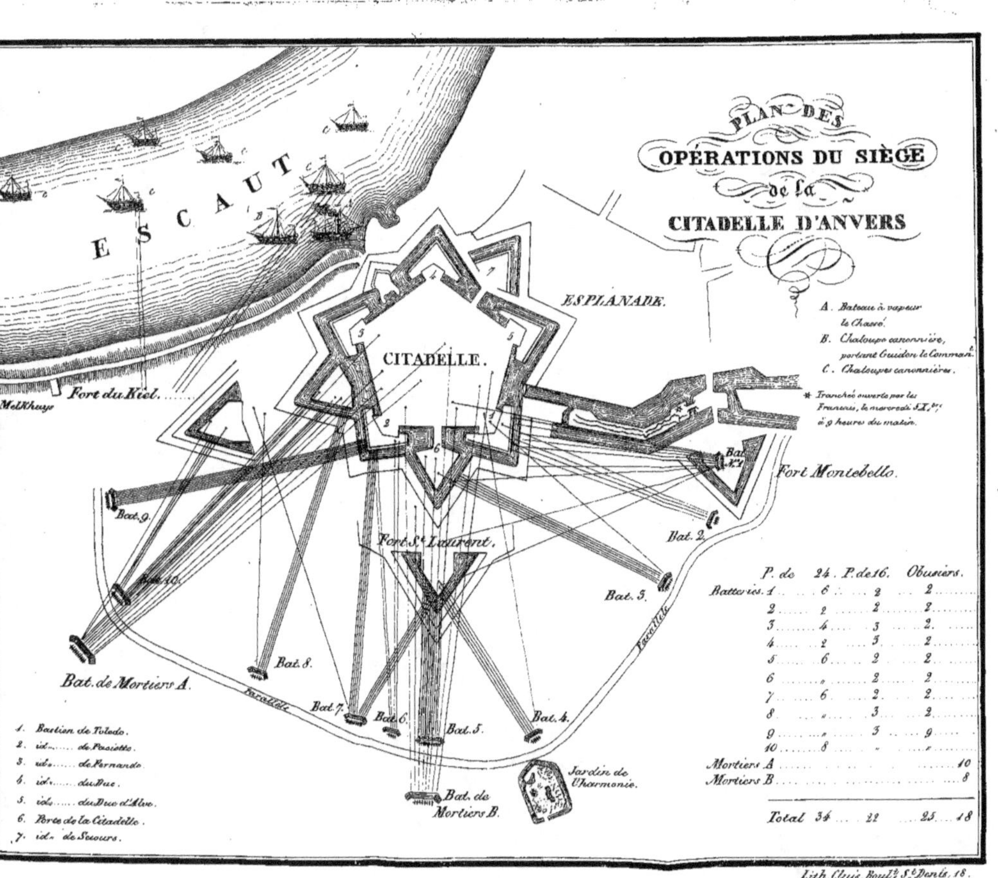

	P. de 24	P. de 16	Obusiers
Batteries 1	6	2	2
2	2	2	2
3	4	3	2
4	2	3	2
5	6	2	2
6	»	2	2
7	6	2	2
8	»	3	2
9	»	3	9
10	8	»	»
Mortiers A			10
Mortiers B			8
Total	34 . . 22	25	18

AVANT-PROPOS.

S'il est juste que les peuples soient gouvernés par les majorités numériques, abstraction faite des lumières et des autres garanties sociales, il faut le dire, nul n'est mieux gouverné que le peuple belge.

Le commerce, quoique d'une constitution robuste, n'était point encore une puissance lorsque éclata la révolution de septembre : il était dans sa force ascendante; et ce n'est pas dans cette période d'existence que les corps ou les individus songent aux garanties de durée. Le commerce put donc voir dans la révolution, comme dans tout événement imprévu, un moyen de prospérité; et lorsque ses résultats furent connus, sa force d'inertie ne put rien contre des événemens accomplis.

Les lumières et les arts libéraux dûrent rester stationnaires en Belgique pendant la décroissance du commerce qui leur sert d'alimens : enfin, le parti éprouvé pendant quarante années de tourmentes révolutionnaires, sorti vainqueur de la lutte, à l'aide de quelques libéraux enthousiastes, apparut *seul* sur la scène brabançonne, et son premier acte fut de repousser la Restauration qui, au mois d'août 1831, allait sauver la Belgique et rendre le calme à l'Europe.

La révolution de septembre avait trouvé son 5 juin dans les plaines d'Hasselt et de Louvain. Le prince d'Orange victorieux marchait sur Bruxelles; déjà son avant-garde, sous les ordres du prince de Saxe-Weimar, arrivait à Tervuren (1). L'héritage de septembre était tombé en discrédit; les prêtres osèrent le ramasser, et les Français, appelés par eux, reconduisirent l'armée hollandaise jusque dans ses cantonnemens.

Les comtes *Félix* de Mérode, d'Aerschot, de Robiano, de Sécus, et le marquis de Chasteler, établirent un gouvernement occulte; et c'est ce gouvernement qui, en dépit de la Chambre des Représentans et de la presse

(1) Deux lieues et demie de Bruxelles.

quotidienne, gouverne les masses par les prêtres, et soumet la nation aux exigences de l'Angleterre, dont ce gouvernement représente les intérêts matériels.

La Belgique est éminemment religieuse. Ses populations, plus soumises au clergé que celles des deux Péninsules, n'ont de volontés que celles des pasteurs qui, en possession de l'enseignement, façonnent les masses au joug. Si le gouvernement osait dissoudre les Chambres, et en appeler à de nouvelles élections, les patriotes, qui s'y trouvent en grand nombre, nommés dans d'autres circonstances, seraient éliminés comme l'ont été impunément de l'armée et de l'administration tout ce qui avait concouru à renverser l'ancien ordre de choses.

Le gouvernement aurait déjà pris cette mesure, s'il n'avait senti la nécessité de conserver dans la représentation nationale des voix dont il fait servir l'expression à une apparence de résistance aux exigences étrangères. Il traite sous ce manteau des intérêts de l'Etat, les sacrifie avec quelque semblant de lutte; menace du courroux de l'Europe les voix récalcitrantes, les abreuve de dégoûtantes injures, en attendant qu'il les accuse aux yeux de la nation d'avoir forgé les fers qu'il prépare lui-même dans l'ombre.

Aussi les voix des *Jaminé,* des *Gendebien,* des *Robaulx,* des *Seron,* des *Pirsons,* des *Julien,* des *Dumortier;* enfin les voix des DÉMOLISSEURS, comme les appelle M. le comte *Félix* DE MÉRODE, se font en vain entendre! Après avoir déploré l'an dernier les désastres d'août, que prépara le *parti-prêtre* pour arriver au pouvoir; après avoir demandé en vain une enquête sur ces événemens, avoir voté de confiance un immense budget pour l'organisation d'une armée de 130,000 hommes, afin que ces événemens ne fussent plus renouvelés, l'opposition vient encore cette année de voir cette armée traitée en *vaincue* ou en *indigne de combattre* par ce *parti-prêtre,* qui ne veut rien de révolutionnaire dans la fondation d'un Etat sur lequel il ne peut trôner qu'en sacrifiant à l'Angleterre la *prospérité nationale,* et à l'Europe *l'honneur du peuple* qu'il gouverne.

L'opposition s'est vu arracher, dans le courant de la dernière législature, les provinces du *Limbourg* et du *Luxembourg ;* elle s'est soumise à une séparation cruelle pour tout ce qui porte un cœur d'homme ! 3oo,ooo âmes ont été répudiées. Le sol belge a été traversé encore par l'armée française, et la protestation de 42 membres sur 86 dont se compose la Chambre, dit assez combien était peu goûtée notre intervention.

Cet écrit est destiné à faire connaître la physionomie du pays pendant notre présenee en Belgique. Rédigé sur les *lieux ,* dans la *tranchée,* les nombreuses pièces officielles dont il est intercalé ne permettront qu'une stérile réfutation.

Je dois cependant protester ici contre l'idée qu'on pourrait me prêter d'avoir attaqué avec violence une nation entière ! Telle ne fut jamais mon intention. C'est le procès du parti gouvernemental (1) que j'ai entendu

(1) Parti également hostile à tout ce qui souffre. **Des** *malheureux,* fuyant le cloître Saint-Merry, ont été livrés par ce parti à la gendarmerie française comme *républicains ;* et des *carlistes* ont eu à répondre pour *ce fait* aux juges d'instruction d'un gouvernement qui se dit plus libéral que celui qui donna asile aux victimes politiques des quinze années précédentes.

préparer en traçant cet écrit. Captif en Belgique, persécuté ensuite par l'inquisition de Laken, je n'oublierai jamais que les *démolisseurs* de M. DE MÉRODE contraignirent le ministère belge de révoquer l'arrêt qui me bannissait, comme orangiste, du royaume de Léopold. C'est avec reconnaissance que je trace ici l'hommage que tout homme libre doit à l'opposition patriotique belge : *Un ardent amour de l'indépendance a pu l'égarer ; mais jamais plus pur patriotisme n'anima une minorité délibérante.*

Le Chevalier DE RICHEMONT.

Valenciennes, le 16 janvier 1833.

Je t'avais promis, mon cher frère, une relation exacte d'une campagne que je ne croyais point voir finir aussitôt. J'ai réuni toutes les notes que j'ai prises pendant la durée du siége, et je te les transmets. Cette relation s'accordera peu, je le crains, avec celle que nos *muscadins*, qui n'ont point bougé du coin du feu, vont s'empresser de donner au public; tu peux cependant la considérer comme la description fidèle de la comédie que nous venons de donner à l'Europe, comédie sanglante, où nous avons, les Hollandais et nous, réalisé la fable de l'huître et les plaideurs.

Enfin, tu connais mes principes : obéissance passive au camp; ce n'est qu'avec toi que je puis raisonner mes devoirs, mon ami; je t'avoue que dans les derniers jours du siége, depuis la prise de la lunette Saint-Laurent, ils étaient pénibles ! J'eusse été, je crois, mauvais pointeur pour tirer sur de braves gens dont je commençais à apprécier la conduite depuis que quelques prisonniers étaient tombés dans nos mains. Je ne sais pourquoi l'on nous a faits les ennemis d'un peuple où se trouve allié au plus mâle courage la connaissance parfaite de la justice de sa cause. Quand on n'a à vaincre que le soldat, ce n'est rien ! Mais ici c'est le citoyen-soldat que nous avons à combattre, et ce courage profond qui l'accompagne après sa défaite donne à notre triomphe une apparence de brutalité.

L'on peut dire de cette campagne, comme d'une partie d'honneur, que tout s'est passé dans les règles. Nous sommes contens les uns des autres. Nous avons été courtois, et des soldats *quasi-républicains* se sont conduits comme l'auraient fait les compagnons de François Ier.

Quelle différence, mon ami, de ces soldats hollandais au peuple belge !.... Que de grandeur dans l'infortune des premiers ! que de basses cruautés dans le triomphe que nous avons préparé à ces derniers ! Te rappelles-tu l'horrible marche de Robespierre à l'échafaud ? Eh bien ! une lâche populace eût fait éprouver aux braves défenseurs de la citadelle le même sort, si nos baïonnettes ne les eussent protégés contre la rage de ces cannibales qu'ameutaient des ministres d'un Dieu de paix..... Oui, des prêtres conduisaient ces assommeurs ! et, toute dégoûtante du sang que nous n'avions pu empêcher de répandre, la horde homicide allait complimenter le roi LÉOPOLD, le gendre de notre roi !!.... Voilà les seuls lauriers cueillis par les Belges dans cette campagne.

Je m'arrête, mon ami..... La nation a désavoué ces coupables excès! Mais est-ce assez d'un blâme stérile? Des Trestaillons en soutane souilleront-ils impunément les lauriers de la France? et les janissaires d'un roi assassineront-ils dans les rues de Bruxelles nos soldats désarmés? C'est à l'ordre du jour de l'armée que ces faits devaient être consignés; car le châtiment ordinaire est au-dessous de l'offense.

Le second jour de la retraite de notre armée, des soldats français traversaient la rue Royale, à Bruxelles; il était dix heures du soir. Ils se rendaient à leur logement; ils étaient sans armes. Assaillis par les guides du roi Léopold, l'un de nos soldats eut le poing coupé, et deux autres ne dûrent la vie qu'à l'intervention de quelques bourgeois qui accoururent au secours des Français qu'on assassinait...... Je t'ai parlé de la conduite de la populace envers les prisonniers, juge si l'élite de l'armée vaut mieux que la canaille! Ces soldats de la garde du roi des Belges sont, il est vrai, en prison : mais cela détruit-il ce qu'a de hideux le lâche attentat commis sur des Français sans armes?..... Et la presse n'aurait-elle point dû flétrir, avec énergie, un assassinat qui donnait la mesure de la basse envie dont nous sommes l'objet, envie qui s'est changée en haine depuis que nous avons protégé les prisonniers que le sort des armes a mis entre nos mains et réprimé avec force toutes les tentavives des assassins à gage.

Nous avons, avec plaisir, quitté la Belgique, mon ami; et fasse le ciel que nous n'y rentrions jamais! Nous emportons de ce malheureux pays la haine de tous les partis. Objet de l'attaque de toutes les opinions, il n'a pas tenu aux Belges que le dernier de nous laissât ses os dans les fossés de la citadelle ou dans les polders inondés par les Hollandais. Ces derniers seuls nous ont rendu justice, et plus d'une liaison durable a été contractée entre nous et les braves compagnons de Chassé, parmi lesquels j'ai retrouvé plusieurs *grognards* de la grande armée.

Adieu, mon cher frère, une blessure légère me vaudra une convalescence peut-être. En attendant, mille choses aux amis du vieux soldat.

PRÉCIS HISTORIQUE
DE LA CAMPAGNE DE 1832
EN BELGIQUE.

> La vie du soldat ne doit être sacrifiée que pour l'indépendance et la prospérité de *sa patrie*. C'est le lest précieux que le matelot jette aux vagues pour sauver son vaisseau.
>
> DE R.......

Les discordes civiles qui agitaient la France peu de jours avant notre entrée en campagne, n'avaient exercé aucune influence sur l'esprit de nos soldats. Comme aux temps glorieux de la République et de l'Empire, la concorde régnait dans les camps, qu'un seul sentiment animait : c'était le désir de venger sur les ennemis de la France les défaites de 1815.

Tous les peuples avaient combattu contre nous, tous avaient profité de nos sanglantes dépouilles. Des drapeaux étrangers flottaient sur nos anciennes villes; un cilice de fer, forgé par un million de soldats, entourait notre patrie;.... nous venions briser ce cilice et arracher ces drapeaux :

Telle était l'opinion de l'armée du Nord.

Nous attendions, avec l'impatience si naturelle aux Français, l'ordre de franchir la frontière. Par un siége devait s'ouvrir la campagne, pour laquelle des moyens formidables étaient réunis. D'habiles opérateurs avaient déjà visité la place que nous allions investir. Vingt jours de tranchée devaient nous suffire pour en prendre possession ; et alors devait commencer la lutte générale que l'esprit national colorait de tout ce qui peut émouvoir le cœur du soldat et la noble ambition de ses chefs.

C'était bien une affaire nationale française, que celle qui faisait effacer devant nous une armée de 130,000 belges !... Qui aurait osé nous dire que c'était pour cette nation que nous allions combattre, et que la révolution de septembre avait produit une *armée de la foi* (1), comme celle qui assista, l'arme au bras, en Espagne, à la prise du Trocadéro et du Santi-Petri ?

(1) Lors de la dernière campagne de la Péninsule, une armée nommée *de la foi* s'était formée à la seu d'Urgel ; des moines la commandaient. Cette armée, qui fuyait devant les constitutionnels lorque nous franchîmes la Bidossa, resta l'arme au bras, pendant toute la campagne, sur les derrières de l'armée française, dont elle était employée à porter les bagages. Des moines occupaient les grades les plus élevés dans cette armée : plusieurs se disaient *les envoyés de Dieu* pour détruire *los Negros* (c'est ainsi qu'ils appelaient les constitutionnels) ; ils ne paraissaient à la tête de leurs troupes qu'armés d'un fouet.

L'éducation constitutionnelle, encore si imparfaite, ne présentait à notre esprit qu'un moyen assuré de consolider un trône. Nous regardions la question révolutionnaire belge comme enchaînée à la nôtre, et la guerre que nous allions entreprendre nous paraissait avoir été résolue par les conseils des deux rois, et non par l'aréopage européen, dont il ne nous vint jamais dans l'idée qu'une brigade d'infanterie hollandaise pût, sans folie, décliner les arrêts.

La France marchait donc, selon nous, pour ramasser le gant lancé par Guillaume de Nassau au nom du Nord de l'Europe ; et notre cavalerie eût mis pied à terre pour partager nos dangers, ou se serait débandée, si on l'eût condamnée à entourer l'échafaud où se jouait le drame sanglant, si ce drame n'avait été considéré, par l'armée entière, comme le prélude d'une guerre générale.

Il fallait en finir, nous avait-on dit, avec cette Europe, qui, après avoir reconnu notre glorieuse révolution de juillet, nous avait traîtreusement lancé la guerre civile, et se préparait à nous attaquer, prenant la modération de notre gouvernement pour de la faiblesse...... Il fallait en finir......, et ce fut avec enthousiasme que nous marchâmes aux frontières de la Hollande.

L'armée belge, dont on exaltait devant nous

l'esprit et la tenue, devait être notre réserve ; la nation entière devait servir d'avant-garde à nos gardes citoyennes, si elles étaient appelées à l'honneur de combattre : enfin, la fusion préparée par l'alliance matrimoniale allait s'opérer sous les auspices d'un siége dont la gloire nous était réservée par nos nouveaux alliés.

Ce fut un jour de fête que celui où nous franchîmes la frontière belge aux refrains de la Brabançonne. Les rêves d'une occupation fraternelle nous avaient préparés à ces cordiales réceptions militaires que les Français se paient mutuellement dans les lieux qu'ils traversent en changeant de garnison. Ces usages négligés, quoique parfaitement connus des troupes belges, nous supposâmes d'abord que, réunis en corps d'armée pour observer les Prussiens sur la Meuse et aux frontières du Luxembourg, les soldats n'avaient pu nous recevoir d'une manière convenable, et que les habitans se chargeraient de nous faire les honneurs de leur pays. La tristesse répandue sur toutes les figures ; le froid intérêt ; les portes et les fenêtres se fermant sur notre passage ; nos soldats répétant seuls les refrains nationaux : tous ces procédés, si différens de ceux qui parurent signaler notre marche en août 1831, nous firent présumer que l'opinion publique repoussait notre intervention avec autant de force qu'elle avait

paru accueillir celle qui sauva, il y a un an,
la Belgique d'une restauration.

L'accueil qui nous fut fait dans nos logemens
était peu propre à détruire ces idées. Quoique
logés chez les habitans les plus aisés, nous
n'obtenions qu'avec peine le repas du soir, que
l'on nous devait, et ce fut avec joie que nous
supportâmes les privations de tout genre qui
attendaient l'armée, lorsqu'elle fut réunie sous
les murs de la citadelle, dans les cantonnemens
qui l'entourent. Ce fut là seulement que nos
soldats touchèrent une partie des vivres de
campagne qui, leur étant remis aussitôt le passage des frontières, leur auraient empêché
d'éprouver des humiliations que la discipline
pouvait à peine faire endurer aux troupes fatiguées par de longues marches.

Les soldats que nous rencontrions sur la
route ou dans les villes nous regardaient d'un
œil d'envie; l'habitant, comme si nous étions
venus pour le dépouiller: la presse rendait des
discours patriotiques où M. Dumortier, membre de la Chambre des représentans, au nom
de quarante-deux de ses collègues, frappait
l'intervention du nom de *criminelle* et *d'anti-
nationale;* enfin, si ce peuple ne nous lapidait
point comme le lendemain de la bataille de
Waterloo, c'est que le triomphe ne lui paraissait pas aussi aisé que celui qu'il remporta

après cette malheureuse bataille sur le brave Mouton-Duvernay et sur ses soldats blessés.

Nous arrivâmes donc avec plaisir aux environs d'Anvers, et nous supportâmes patiemment *en famille* les trente-six heures de privations que nous valut l'absence de tout service organisé. Pain, viande, bois de chauffage, tout manquait à l'agglomération de troupes que nécessitait le siége : ce ne fut que le troisième jour que le service commença à se régulariser. Nous vîmes avec plaisir l'indifférence de la nation avec qui nous espérions venir combattre; et l'incurie de l'administration belge nous laissa l'espoir que la gloire de l'expédition ne serait qu'à nous, puisque rien de ce qui pouvait la faciliter n'avait été préparé par nos alliés. C'était bien là une affaire nationale ! et le soldat et l'officier regardèrent déjà comme une victoire de plus à remporter ce sentiment de haine méprisable dont ils étaient l'objet, et les privations de tout genre auxquelles ils étaient assujettis.

Ce fut animés de ces sentimens, que nous ouvrîmes la tranchée par une nuit obscure. L'eau, tombant à torrens, favorisait nos travaux, et nos travailleurs étaient logés avant que l'ennemi se fût aperçu de notre approche.

Une confiance absolue dans l'habileté des chefs chargés de diriger ce siége ne laissait au dernier des soldats de l'armée aucun doute sur le résultat. Une époque plus ou moins longue pour la reddition ; des pertes plus ou moins grandes, selon le caractère de la défense et la bravoure des assiégés, telles étaient les pensées de l'armée : mais il ne vint jamais dans l'esprit du soldat qu'on pût renoncer à sauter dans la place.

Détrompé par la froide réception qu'on nous avait faite, sur l'opinion publique que l'on prête si gratuitement en France à la Belgique, le soldat français devait bientôt s'apercevoir combien avait été calomnié l'ennemi qu'il avait à combattre. L'habileté et le courage se dénotaient dans la défense, et l'humanité du chef hollandais ajoutait à l'estime de notre armée. Les assiégés étaient dignes des assiégeans, et de part et d'autre les plus belles actions peuvent être citées.

Une convention qui devait éloigner la conclusion de l'affaire, également honorable pour les deux chefs, puisqu'elle avait pour but de sauver la ville d'une destruction totale, prouve la parfaite composition des deux armées, et leur morale discipline. L'on ne sait quoi louer le plus, de la modération de cet ennemi tant calomnié, dont l'incendie d'Anvers aurait à peine justifié la réputation de férocité que lui avait faite la Belgique ; ou de ce chef français qui avait tant à se plaindre de l'indifférence

2

que l'on montrait à des soldats dont il est le père, et qui les sacrifiait pour conserver des masures..... Les vertus des hommes, comme celles des peuples, ne seront-elles goûtées que par la postérité? Et quand elles se montrent à la suite de deux camps, sous des tentes ennemies, ne seront-elles jamais assez puissantes pour faire taire l'appétit de la gloire? Quoi! des peuples qui s'entendent pour épargner des masures ne pourraient s'entendre pour leur possession?

Le sacrifice d'une ville, quelque opulente qu'elle soit, ne peut-il être fait par un peuple vraiment généreux pour fonder son existence indépendante? Lorsque nous attaquâmes la Bastille, demandâmes-nous à son commandant d'épargner la ville de Paris? Et la révolution de juillet n'exposait-elle point cette métropole à la destruction, si l'artillerie suisse eût été sur Montmartre?

Les *inscriptions* de reconnaissance que prend la France sur la Belgique, l'omnipotence de cet État, source *intarissable de haine européenne si la Belgique se montre reconnaissante envers sa libératrice, de mépris si elle se montre ingrate,* ne sont-*elles* point plus onéreuses que la démolition de quelques maisons? Une nouvelle barrière s'élevait entre les deux États; les calomnies étaient justifiées; la séparation était irrévocable; la cause belge devenait sacrée; enfin, le caractère de l'expédition perdait de ce grandiose qui rivalise des deux côtés pour écraser la cause du peuple insurgé. Une ville qui devait sa prospérité à la Hollande ne lui devrait point son existence, et l'état de siége où on la tient encore aujourd'hui ne serait point maintenu pour étouffer l'élan de reconnaissance qui s'échappe du cœur de ses habitans. Enfin le roi Guillaume n'aurait point acheté, par la noble conduite du brave Chassé, son lieutenant, les cœurs de toute la population anversoise, l'admiration de l'armée française et la reconnaissance du commerce de l'univers !

Privé de la faculté d'attaquer la place du côté de la ville, dont la possession nous eût été du plus grand secours pour loger nos soldats, nos tranchées s'ouvrirent à 400 mètres de la citadelle, du côté réputé imprenable. Les journaux belges, qu'un sentiment de convenance aurait dû réduire au silence ou à copier nos bulletins de siége, mirent tout en œuvre, soit pour épouvanter nos soldats, soit pour affaiblir l'honneur du triomphe en calomniant la garnison assiégée, et en représentant l'expédition comme un coup de main si elle était bien conduite.

La division Sébastiani, en longeant les bords de l'Escaut, opérait pour couper les communications de la citadelle avec la Hollande. Ces corps bivouaquaient sur les chaussées qui couronnent les inondations ; chaque jour des écrits colportés et distribués gratis dans nos bivouacs et dans les tranchées, nous annonçaient la destruction de cette division, dont des parties, disait-on, étaient décimées par les fièvres des polders, et d'autres noyées dans les inondations que les Hollandais élevaient à volonté. D'autres fois le prince d'Orange, levant son quartier-général de Tilburg à la tête de 60,000 hommes réunis aux Prussiens, nous tombaient sur les bras pour faire lever le siége.

Le temps était affreux, les plus continuelles, et tout manquait à nos soldats : point de paille pour les bivouacs, point de bois pour chasser l'humidité. Des rixes scandaleuses quand nous coupions les haies pour nous chauffer, ou que nous enlevions, des fermes voisines, quelques bottes de paille pour coucher nos blessés, qu'on était obligé d'amputer dans la boue. Telle était notre situation à quatre journées de marche de la France, dans un pays allié où tout abonde, pays pour l'indépendance duquel nous venions verser notre sang. Enfin, des représentations énergiques furent faites par les chefs de corps, et la position de nos blessés fut améliorée.

Une église, sous le feu de la place, fut transformée en ambulance ; là un scandale de nouveau genre attendait nos soldats :

Le repos et les soins n'étaient accordés qu'à ceux qui se confessaient, et l'image de l'enfer, présentée à des hommes à qui on n'aurait dû parler que de gloire, était colportée par des prêtres fanatiques d'une couche à l'autre de nos soldats. Des misérables en soutane, une bouteille d'eau-de-vie à la main, payaient leur soumission par des rasades, et la soif ardente du blessé, excitée par l'eau-de-vie, se changeait en folie incurable chez plusieurs de ces infortunés.

Une ville de 70,000 âmes, Anvers, pouvait servir d'asile à nos blessés, et les angoisses du transport à de grandes distances leur eussent été épargnées. Point du tout, on les dirigeait sur Malines, Bruxelles, Gand, Mons, et sur d'autres villes placées à vingt lieues d'Anvers ; et le froid de l'atmosphère et les secousses des charrettes sur lesquelles on les transportait causaient la mort à beaucoup d'entre eux.

Tout avait été préparé par l'autorité belge pour rendre notre tâche difficile. La science de notre génie, le courage de nos travailleurs, l'exécution habile de notre artillerie, notre résignation triomphaient de tous les obstacles. Nous avancions chaque jour vers cette place dont les efforts de défense augmentaient à notre approche. Chaque coup portait , et les officiers d'artillerie, assiégeans et assiégés, montaient sur les parapets de leur batterie pour régulariser le tir de leurs canonniers.

Il n'y avait point de haine ; le mépris pour nos auxiliaires n'avait laissé dans notre cœur aucune prise à ce sentiment pour nos braves ennemis. Il y avait de l'émulation. Avancer le jour de la reddition était le but de nos efforts ; retarder cette reddition était celui de nos adversaires, qui paraissaient compter sur une diversion qui nous aurait contraints de lever le siége.

Les fortins extérieurs de Kiel et de Saint-Laurent inquiétaient beaucoup nos travailleurs et retardaient notre approche. Ce fut vers ce dernier que nos efforts se dirigèrent. Le succès nous parut inévitable ; le courage de ses défenseurs le retarda beaucoup et nous fit payer bien cher sa possession ! Cependant nous parvînmes à attacher le mineur à ses entrailles, et chaque coup de pince devait diminuer l'ardeur des assiégés, qui sentant le volcan gronder sous leurs pas, devaient à chaque instant s'attendre à être ensevelis sous des décombres. L'explosion de la mine, qui pouvait être regardée par les assiégés comme le prélude d'une plus forte détonnation, contraignit le plus grand nombre à se réfugier dans la citadelle ; nous montâmes avec tant de promptitude à la brèche produite par l'éboulement, que 60 des assiégés et un officier tombèrent entre nos mains. Cet officier, nommé *Boers* (1), s'avança vers le chef qui commandait l'escalade, et, en lui remettant son épée, lui dit : *Français ! faites de moi ce que vous voudrez, mais épargnez mes braves camarades !* Quelques Hollandais se firent tuer sur leurs pièces plutôt que de se rendre : les autres posèrent les armes.

Nous serrâmes alors la place de plus près, et enfin les batteries de brèche ouvrirent leurs feux. La terre tremblait sous les détonnations de l'artillerie : chaque masse de boulets ébranlait le rempart et amenait dans le fossé les décombres qui devaient le combler. La citadelle présentait un aspect difficile à décrire. Une pluie de bombes incendiait les bâtimens et creusait des cavités qu'une faux de balles et de boulets comblait de cadavres. Tout était en ruines. Les assiégés manquaient de linge de pansemens et de médicamens ; le maréchal Gérard leur en fit parvenir deux fourgons ; et, *chose horrible !* il fut presque obligé, pour apaiser les murmures d'hommes indignés de comprendre les

______

(1) Cet officier a été reçu à Valenciennes par les officiers français avec les égards qu'on doit au courage malheureux. Les officiers de la garnison l'ont invité à dîner, et se sont empressés par une foule d'égards de distraire sa noble infortune.

devoirs d'un chef d'armée civilisée, de faire publier que l'*humanité*, et non la *sympathie*, avait dirigé sa conduite dans cette circonstance.

Notre brave et philanthrope chef fit offrir au général Chassé de faire soigner ses blessés ou de faciliter leur transport vers la Hollande : cette négociation, à la honte des Belges, fut tenue secrète, et il y eut des *folliculaires prétendus patriotes* qui osèrent donner à la direction de nos feux, ou à leur ralentissement, lorsqu'un incendie se déclarait dans la citadelle, de fâcheuses interprétations ; pendant que d'autres *journaux prétendus orangistes* cherchaient à décourager nos troupes par de dégoûtantes injures, qu'on aurait dû punir en contraignant les auteurs à venir dans la tranchée juger du courage et de la discipline des soldats qu'ils osaient calomnier. Ces journaux et autres écrits périodiques, répandus à profusion dans les travaux, ne faisaient qu'amuser le soldat, qui pouvait juger par lui-même de la véracité des récits que chaque fait démentait.

Les assiégés faisaient des prodiges de valeur. Nos boulets renversaient à chaque instant leur étendard, après l'avoir déchiré en lambeaux, et, au milieu d'une grêle de projectiles, le drapeau était toujours relevé par ces braves soldats ! Enfin le revêtement du fossé cédait aux décharges de l'artillerie ; la brèche allait être praticable ; quelques heures encore, et une rampe de cent mètres nous ouvrait l'entrée de la place. Nos soldats s'attendaient à grimper à l'assaut..... et cette position uniforme du siége s'était changée en exaltation à l'approche du moment décisif. *Nous allions faire le siége du siége.* Ce n'est que par cette phrase que je puis rendre le sentiment qui animait nos troupes. Tant de sacrifices faits pour arriver là ne nous semblaient que ceux que l'on fait dans une pénible marche. Le danger, le glorieux danger !.... nous allions l'affronter ; rien ne nous séparerait plus de cet ennemi qui s'était montré digne de notre courage, qui nous avait surpassés en constance ; et, une fois les feux de l'artillerie éteints, les obstacles des barriques incendiaires qui allaient rouler sur nous en montant à l'assaut franchis.... ce serait corps à corps que nous allions combattre. Voilà ce que pensait l'armée de ligne...... le génie et l'artillerie jugeaient autrement : à ces deux armes devaient être les palmes..... et notre lutte leur eût été un vol. La capitulation justifia leur attente..... la nôtre fut trompée.... Le général Chassé demanda à capituler : nos feux s'éteignirent........ Le premier boulet avait frappé Accueil.... le dernier tua un lieutenant d'artillerie.

Les murs se couvrirent de soldats hollandais, et nous échangeâmes des paroles de paix. Notre curiosité était mutuelle, et les plus vieux d'entre nous se cherchaient des yeux comme de vieux amis. Celui qui aurait à vol d'oiseau contemplé cette scène aurait difficilement décidé quel était le vaincu, où était le vainqueur, tant l'attention du soldat paraissait éloignée des pensées de victoire ou de défaite. Nous semblions deux équipages poursuivant un corsaire que la bourrasque vient d'engloutir, ou encore deux chasseurs se reposant au bord du précipice où vient de tomber l'objet de leur poursuite.

Les forts placés sur le littoral du fleuve, d'autres placés au milieu des inondations qui se trouvaient sous l'autorité du commandant de la citadelle, devaient, aux termes de la convention posée par le maréchal Gérard, de même que la flottille commandée par le colonel Koopman, être remis à nos troupes. Le général Chassé refusa la liberté à ce prix. La flottille fut attaquée par nos soldats. Ne pouvant leur échapper, le commandant livra aux flammes sept canonnières, fit submerger les autres et sauter le bateau à vapeur *Chassé*. Une seule tomba entre nos mains.

Ce fut sur les prisonniers de cette flottille que s'exerça la rage de la populace d'Anvers. Un des officiers hollandais, revêtu des insignes de son grade, fut contraint de les faire disparaître. Plusieurs soldats furent assaillis à coups de pierres, et l'un d'eux eut l'œil arraché par ces brigands, parmi lesquels se trouvaient des prêtres et des femmes de mauvaise vie. Les gendarmes français qui accompagnaient ces prisonniers se virent contraints de faire usage de leurs armes pour les arracher des mains de ces forcenés.

Nous fûmes distraits de ces scènes affreuses par un engagement qui couronna notre entreprise.

La flotte hollandaise avait remonté l'Escaut. Elle opéra un débarquement, et, réunie à la garnison du fort Liefkenshoek au nombre de 2,000 hommes, elle vint attaquer un bataillon de la division Sébastiani, placé à Calloo. Ce général, arrivant sur le lieu du combat au moment de l'attaque, mit pied à terre, commanda en avant, et parvint, après une lutte opiniâtre à la baïonnette, à culbuter l'ennemi, et le contraignit à s'embarquer.

Cette affaire, dans laquelle un bataillon du 8e de ligne eut à supporter l'attaque de 2,000 hommes protégés par le feu de deux cent quarante pièces, qui, de l'escadre, vomissaient la mitraille sur nos soldats, nous coûta beaucoup de monde. Les Hollandais laissèrent environ 100 hommes sur la place. Tous les prisonniers que nous fîmes étaient grièvement blessés.

Le général fit garnir les banquettes le long de la digue, et de là nous engageâmes avec l'escadre une fusillade qui dura six heures. Les pertes considérables la contraignirent de se réfugier sous le canon du fort Liefkenshoek.

L'incendie de la flotte, après la capitulation de la citadelle, avait fait prendre des mesures sévères envers le colonel Koopman. Cet officier supérieur, homme d'un grand mérite, était gardé à vue comme prisonnier à discrétion. L'intervention du général Chassé, qui paraît l'affectionner beaucoup, et qui lui attribue une grande partie du mérite de la défense, lui fit rendre son épée par ordre du maréchal Gérard.

Au nombre des pertes faites par la Hollande dans cette campagne, l'on compte celle de l'amiral *Leuwe van Anduward,* tué au champ d'honneur.

La capitulation, ratifiée par le roi Guillaume en ce qui concernait la citadelle, mettant le général Chassé et sa garnison dans le cas d'être considérés comme prisonniers de guerre, le baron Chassé fut placé, ainsi que les troupes *sous* son commandement, dans l'alternative d'engager sa parole d'honneur de ne point servir contre la France ou ses alliés. La réponse ne pouvait être douteuse : soldats et chefs préférèrent la prison.

Le désarmement des troupes s'était opéré sur les glacis en avant de la place. Une scène touchante eut lieu entre les chefs et les soldats.

Le général hollandais Favange, vieux soldat

de l'Empire, commandait le défilé. Le silence n'était interrompu que par le bruit des pas de la lugubre troupe. Des pleurs religieux coulaient sur de vieux mousquets. Un officier jeta son épée à terre : « Ce n'est qu'un dépôt, monsieur, » lui dit l'aide-de-camp du maréchal, reprenez » votre arme, elle ne peut être placée dans de » meilleures mains. »

La garnison rentra dans la place, et ces égards si bien sentis, quand des cœurs vraiment généreux les reçoivent ou les prodiguent, furent l'occupation de l'officier et du soldat français.

Le général hollandais, en réclamant du maréchal Gérard la grâce de ne point permettre aux Belges d'entrer dans la citadelle tant qu'il l'habiterait, les crut-il capables d'oser venir contempler un ennemi qu'on les avait jugés indignes de combattre? Craignait-il de voir insulter à ses nobles et glorieuses infortunes par ceux qui avaient voulu assassiner les compagnons mutilés de Koopman? La même prière fut adressée en Espagne au duc d'Angoulême, par les constitutionnels, qui craignaient les couteaux de l'armée de la Foi..... La cause belge aurait-elle quelque anàlogie avec celle des assassins de Riégo et Quiroga?..... *Serions-nous venus nous battre pour les prétres contre les fils aînés de la liberté ?*

SIÉGE

DE LA

CITADELLE D'ANVERS

PAR L'ARMÉE FRANÇAISE

SOUS LES ORDRES DU MARÉCHAL Cᵗᵉ GÉRARD.

« Les mesures *maritimes* paraissant devoir
» rester inefficaces, S. M. le roi des Belges est
» convaincu que d'autres *moyens coërcitifs* sont
» indispensables, et exprime le désir que S. M.
» le roi des Français veuille bien donner des
» ordres pour que les troupes françaises entrent
» sur le territoire belge dans le but d'amener
» l'évacuation des territoires.

» Signé GOBLET. »

Tel était le contenu de la note remise le
9 novembre 1832, au comte DE LATOUR-MAU-
BOURG, envoyé de la France, par le général Go-
BLET, ministre des affaires étrangères belges,
au nom du roi son maître.

Cette note transmise par le télégraphe au

gouvernement français, nos troupes entrèrent en Belgique le 15 novembre 1832.

L'armée avançait rapidement sur tous les points; de nombreuses colonnes traversaient les villes de Mons, Tournay, Courtray et Binches. Enfin les ducs d'ORLÉANS et DE NEMOURS firent leur entrée à Bruxelles, le 18 novembre, à la tête de l'avant-garde française.

M. le bourgmestre Rouppe, le gouverneur militaire de la province, et le commandant de la place reçurent les Français à l'entrée de la ville.

Ce fut le 19 novembre que les têtes de colonnes se montrèrent dans les environs d'Anvers. Le quartier-général fut établi le 21 à Merxem. De nombreuses troupes furent occupées sur-le-champ à faire des fascines, tandis que le matériel de l'artillerie de siége, embarquée à Douai, débarquait à Boom.

Le 14 novembre, la protestation ci-après, revêtue de la signature de quarante-deux membres, sur quatre-vingt-six dont se compose la chambre des représentans, fut rendue publique.

Protestation.

« Les soussignés membres de la Chambre des
» représentans; — Vu l'impossibilité de porter au
» pied du trône leurs vœux relativement à l'in-

» tervention de l'armée étrangère avant l'entrée
» de l'armée française ;

» Considérant qu'aux termes des art. 1 et 4
» de la Convention conclue le 22 octobre der-
» nier entre la France et l'Angleterre, cette
» intervention paraît n'avoir pour but que
» d'opérer l'échange des territoires en exécution
» partielle du traité du 15 novembre 1831 ;

» Considérant qu'aux termes de l'art. 24 du
» susdit traité autorisé par les Chambres, et des
» notes y annexées, cet échange ne devait avoir
» lieu qu'après les ratifications du traité à in-
» tervenir entre les deux parties, c'est-à-dire
» après la reconnaissance par le roi Guillaume
» de la Belgique comme Etat indépendant ;

» Considérant que cet échange ne tranche
» aucune des questions vitales pour la Belgique ;
» que c'est précisément la partie la plus oné-
» reuse du traité ; que, détachée des stipulations
» corrélatives, elle constitue un fait éminemment
» désastreux, qui placera la patrie dans la po-
» sition la plus précaire, l'exposera à des con-
» cessions nouvelles, et dépouillera les habitans
» des parties cédées des garanties que le traité
» leur assure, en les exposant à toutes les réac-
» tions qu'on voudra exercer contre eux ;

» Considérant que jamais rien de semblable
» n'a été autorisé par la Chambre des représen-
» tans ;

3

» Déclarent protester contre toute interven-
» tion étrangère qui n'aurait pour but que
» d'échanger la citadelle d'Anvers contre les
» parties cédées des provinces du Limbourg et
» du Luxembourg.

» Fait au Palais de la Nation, le 14 novem-
» bre 1832. »

(Suivaient les signatures.)

Ainsi l'intervention française était flétrie, *dans son but,* par la fraction législative qui avait cru voir dans la séparation avec la Hollande un accroissement de prospérité pour la Belgique. De là l'accueil glacial que reçurent les troupes françaises, également odieuses aux nombreux partisans de la maison de Nassau, dont elles venaient briser les espérances, et à l'armée qu'elles condamnaient à une honteuse inaction.

Un seul parti applaudit à cette marche militaire. Nous ferons connaître les membres les plus influens de ce parti *anti-national,* dont M. Félix DE MÉRODE paraît être le chef avoué depuis les premiers jours de la révolution.

Le lendemain du jour de cette PROTESTATION, le commandant supérieur de la ville d'Anvers prit l'arrêté suivant :

« Anvers, le 15 novembre 1832.

» *Le colonel commandant supérieur de la place*
» *d'Anvers,*

» Considérant que la malveillance pourrait,
» à la faveur des circonstances, tenter quel-
» ques entreprises coupables, soit contre la sû-
» reté de la place, soit contre celle des personnes
» et des propriétés,
» Arrête :
» Art. 1er. Tout individu non domicilié, qui,
» dans les vingt-quatre heures après la publi-
» cation du présent arrêté, n'aura pas obtenu
» un permis de séjour de la commission de sû-
» reté, sortira immédiatement de la place ou
» en sera expulsé, sans préjudice de toute autre
» action légale, s'il y a lieu.
» Art. 2. Dès la reprise des hostilités, tout
» individu non appartenant au service des in-
» cendies, qui entrerait ou tenterait d'entrer
» de force ou avec violence dans une maison
» habitée, sera arrêté et traduit devant le con-
» seil de guerre, pour être jugé dans les vingt-
» quatre heures.
» Art. 3. Tout individu non appartenant au
» service des incendies, qui entrerait dans une
» maison non habitée, sera arrêté et traduit

» devant le conseil de guerre, pour être jugé
» dans les vingt-quatre heures.

» Art. 4. Tout individu qui se permettra des
» actes quelconques, attentatoires à la sûreté
» des personnes ou des propriétés, sera arrêté et
» traduit devant le conseil de guerre, pour être
» jugé dans les vingt-quatre heures.

» Art. 5. Tout individu qui, par des signaux
» ou des moyens quelconques, tenterait de
» donner des renseignemens ou d'établir des
» intelligences avec l'ennemi, sera arrêté comme
» traître et traduit devant le conseil de guerre,
» pour être jugé dans les vingt-quatre heures.

» Art. 6. Tout individu qui répandra ou pro-
» pagera des bruits alarmans pour la sûreté de
» la place ou des habitans ou de l'armée, sera
» arrêté comme traître et traduit devant le
» conseil de guerre, pour être jugé dans les
» vingt-quatre heures.

» Art. 7. M. le commandant de la place, la
» commission de sûreté, les commissaires de
» police, la gendarmerie et les troupes de di-
» verses armes, tiendront la main, pour ce qui
» les concerne, à l'exécution de ces dispositions,
» et prendront les mesures nécessaires pour
» prévenir ou réprimer les désordres de toute
» espèce que la malveillance ou la cupidité
» oseraient se permettre.

» Signé Buzen. »

Cet arrêté frappa de terreur la ville d'Anvers. Les routes furent couvertes en peu de temps d'une foule de malheureux, emportant ce qu'ils avaient de plus précieux ; car au danger d'un bombardement, qu'on regardait comme inévitable, se joignait celui non moins terrible de ces ombrageuses commissions militaires, qui jetteraient de l'odieux sur la plus juste des causes, puisqu'en frappant d'interdiction la magistrature, en soumettant les populations au joug tyrannique du sabre, le gouvernement semble vouloir placer la patrie dans l'armée, et non l'armée dans la patrie.

Des précautions furent prises pour se rendre maître du feu, dans le cas où il viendrait à se manifester ; des pompes envoyées de différentes villes, leur service organisé ; un drapeau noir arboré sur les bâtimens civils.... Enfin, tout annonçait aux habitans qui avaient le courage de rester dans la ville, qu'ils auraient à lutter contre toutes les calamités qu'entraîne après lui un siége.

Le général Goblet avait appelé, au nom de son maître, l'intervention étrangère ; il était juste qu'il pût décerner les récompenses. L'ordonnance ci-après fut insérée dans le *Moniteur*.

« Léopold, roi des Belges,
» A tous présens et à venir, salut ;

» Vu la loi du 11 juillet, qui institue l'*Ordre*
» *de Léopold;*

» Sur le rapport de notre conseil des mi-
» nistres,

» Nous avons arrêté et arrêtons :

» Art. unique. L'administration de l'Ordre de
» Léopold est jointe au département des affaires
» étrangères (1).

»Donné à Bruxelles, le 12 novembre 1832.

» *Signé* Léopold.

» Par le Roi :

» Le ministre d'Etat chargé *ad interim* du porte-
» feuille des affaires étrangères :

» *Signé* Goblet. »

Pendant que les serviles applaudissaient au
déshonneur de leur patrie, M. *Jaminé* faisait entendre ces paroles à la Chambre des représentans, après avoir réfuté les argumens par lesquels les ministres *Goblet* et *Devaux* voulaient
justifier l'intervention :

« Nous ne pouvions faire la guerre avec 70
» mille hommes; il nous en fallait 130 mille,
» disait à une époque M. F. de Mérode. Nous
» les avons donnés : qui nous arrête donc en-
» core ?

(1) En effet, destinée à n'être *portée* ou du moins *gagnée*
que par des étrangers, la croix de Léopold devait ressortir
de ce département.

» Mais non, le peuple mécontent, le pays
» morcelé, pressé entre deux interventions,
» l'abandon inhumain d'une partie de nos pro-
» vinces, l'impossibilité maintenant de parler
» de dignité, d'honneur national, voilà où on
» nous a amenés ; et il faut encore entendre dire
» aux ministres qu'ils n'ont pas méconnu les
» intérêts de la nation ! Les dix-huit et les
» vingt-quatre articles, la note infâme du 3i
» octobre, voilà les titres avec lesquels ils de-
» mandent la reconnaissance de leurs conci-
» toyens, voilà leur bagage pour passer à la
» postérité ! (*Des bravos éclatent de toutes
» parts dans l'assemblée.*) »

C'était donc pour la Belgique un poids insupportable que le marché de sang contracté
avec le gouvernement français ? Et dans la
même séance, M. *Dumortier* n'hésita point à
frapper du nom de criminelle notre marche en
Belgique.

Le ministre fit retraite devant l'opposition,
et la Belgique, dans la plus difficile des circonstances, se trouva sans administration responsable ; car aucun des membres de la représentation nationale ne voulut accepter l'héritage
ministériel que la magistrature abandonnait au
fouet de la presse périodique.

Quelques extraits de journaux donneront
une idée de la violence des attaques dont le roi
et ses ministres étaient l'objet.

« — M. Lebeau a dit que le banc des minis-
» tres est un *carcan*, nous espérons que M. Le-
» beau n'est pas condamné à y rester à perpé-
» tuité.

» — La peine du *carcan* est ordinairement
» accompagnée de la flétrissure ; jusqu'à pré-
» sent M. Lebeau n'est flétri que par l'opinion
» publique...... Attendons !...... qui vivra, verra.

» — On nous assure qu'au *carcan Lebeau*
» figure un petit-fils d'un bourreau d'une des
» villes du nord de France.

» —Quel est l'homme honorable qui voudrait
» s'asseoir au *carcan* après M. Lebeau ?

» — D'après M. Lebeau, le banc des minis-
» tres est un *carcan....* Si cela est, que sera le
» trône ?

» — Lorsque M. Lebeau a appelé le banc des
» ministres un *carcan*, M. Rogier a porté la main
» à sa cravatte.

» — Pauvre Belgique ! ta nationalité est mise
» à l'index, ton honneur aux fourches caudines,
» ton commerce à l'hôpital, et ton ministère au
» *carcan.* »

Les discours des membres de la représentation
nationale se ressentaient de cette acrimonie
que la presse infiltre dans les débats en prépa-
rant à la haine par ses attaques ; le banc ministériel semblait salir tout ce qui osait l'approcher ! Châtiment bien mérité par ces hommes

qui, après avoir déchaîné toutes les passions pour renverser l'ancien ordre de choses, osent encore se présenter en face de l'opinion publique avec toutes les imperfections de notre nature. Aussi se trouvent-ils placés dans l'alternative de livrer à des hommes dépravés les trésors du peuple, ou à s'entendre reprocher par leurs anciens complices (1) toutes les turpitudes que la fortune et les honneurs n'ont fait que recouvrir d'un voile transparent.

La Belgique était donc sans ministère, prête à tomber dans l'anarchie : et ce fut sous d'aussi fâcheux auspices que nous investîmes une place dans la plus mauvaise saison de l'année.

Le maréchal Gérard établit son quartier-général à Merxem le 21 novembre. Des troupes de toutes armes étaient cantonnées aux environs d'Anvers, occupées à préparer et à classer dans les divers dépôts le matériel de siége ; d'autres se préparaient à marcher vers la frontière pour surveiller un corps hollandais qui manœuvrait en avant de Berg-op-zoom, lorsque l'ordre du jour ci-après fut communiqué à l'armée :

ORDRE DU JOUR.

« L'armée apprendra avec indignation le

(1) L'auteur de la Biographie des hommes de la révolution est un des membres du gouvernement provisoire.

crime qui a été tenté, sans succès heureusement, sur la personne du Roi, à Paris, le 19 de ce mois. M. le président du conseil, ministre de la guerre, annonce à M. le maréchal comte Gérard qu'au moment où Sa Majesté se rendait, *à cheval*, à la Chambre des députés pour l'ouverture de la session, un coup de pistolet a été tiré sur elle par un individu placé dans la foule sur un des parapets du Pont-Royal. Le Roi a continué sa marche jusqu'à la Chambre, a fait le discours d'ouverture avec *calme*, sans que les pairs ou les députés eussent connaissance de l'attentat qui venait d'être commis, et il est sorti au milieu des applaudissemens et des cris de *Vive le Roi!* Mais dès que le bruit de l'assassinat s'est répandu, les deux Chambres en masse se sont portées spontanément aux Tuileries, et tous se sont empressés d'exprimer au Roi et à la famille royale le sentiment profond de douleur que faisait naître cette horrible tentative. Paris a partagé ce sentiment. Toute la garde nationale et la troupe de ligne ont montré le plus vif enthousiasme pour la conservation du Roi. L'ordre n'a n'a pas été troublé un moment. On est à la recherche du coupable et on espère l'atteindre.

» L'armée du Nord, comme la capitale, éprouvera la même indignation de ce crime, et la même joie de ce que la Providence l'a fait échouer.

»Toute la France, dans un moment pareil, se rallie autour du trône constitutionnel que la révolution de juillet nous a donné ; autour du roi Louis-Philippe, qui est le lien de tous nos intérêts d'ordre et de liberté, et autour de sa dynastie qui est la garantie de notre avenir.

» Par ordre de M. le maréchal :

»Le chef d'état-major :

» *Signé* St.-Cyr-Nugues. »

L'armée accueillit avec peine cette lugubre proclamation. Sa présence sous les murs d'Anvers prouvait assez son dévoûment; ses efforts contre les fauteurs de troubles civils avant son entrée en campagne, justifiaient de son amour de l'ordre. La gloire ensevelie sous les drapeaux de l'Atlas devait venir rejoindre nos soldats aux rives de l'Escaut. La tunique sanglante de César n'eût rien ajouté à l'enthousiasme de notre armée.

La citadelle, toujours en communication avec la Hollande, recevait à chaque instant des alléges chargées de troupes et de munitions. La flotte hollandaise, augmentée d'un grand nombre de canonnières, parcourait l'Escaut pour surveiller nos mouvemens. Les forts de *Lillo* et de *Liefkenshoek* venaient de recevoir pour commandant le colonel d'artillerie Bake; enfin, la plus

grande activité paraissait imprimée aux forces
ressortant du commandement général du baron
Chassé.

L'escadre combinée était en vue de Flessingue, tandis que le vaisseau hollandais *le Zeeuw*
était près de Terneuzen, et que la corvette *le
Dauphin* était stationnée à hauteur de Bathz.

L'on avait annoncé que le 22 la première
sommation serait faite au général Chassé. Elle
était sans doute soumise aux décisions de la
diplomatie dont les agens étaient à la suite du
quartier-général.

L'ordre du jour suivant fut lu à l'armée.

« Quartier-général, sous Anvers, 20 novembre 1832.

» M. le maréchal, commandant en chef, a
été satisfait de la manière dont les troupes ont
marché, et de l'ordre qu'il a remarqué dans les
colonnes. La gaîté et l'ardeur du soldat pour
supporter les fatigues annoncent ce qu'on peut
attendre de lui pour les travaux de la tranchée
et les dangers du siége. La bonne disposition
des habitans à nous recevoir justifie les égards
que les Français conserveront toujours pour eux
dans toutes leurs relations. Les troupes vont
occuper des positions où elles rencontreront
encore des portions de l'armée belge. En attendant qu'on assigne les postes dans lesquels les

Français relèveront les Belges, nous aurons soin de vivre avec eux dans la meilleure intelligence, et de nous serrer autant que possible, quand même il en résulterait une gêne momentanée. L'estime réciproque doit rendre faciles ethonorables tous nos rapports avec nos alliés. Les deux gouvernemens ont pris de concert les mesures pour assurer la subsistance de l'armée française (1), soit par des fournitures des magasins, toutes les fois que les circonstances le permettront, soit par des prestations de la part des habitans, qui doivent être régularisées avec le plus grand soin. Le mode de la régularisation et la délivrance des bons ou récépissés a été déterminé par des instructions spéciales de l'intendant de l'armée. Les sous-intendans sont spécialement chargés de veiller à ce que les instructions soient suivies ponctuellement; ils doivent les expliquer aux habitans et à la troupe, et intervenir partout, eux et leurs agens, pour prévenir les désordres et les plaintes.

» M. le maréchal commandant en chef recommande ce soin avant tous les autres, non–seulement à l'administration militaire, dont il con-

(1) Le maréchal avait été induit en erreur. Les troupes furent obligées, pour se chauffer, de couper toutes les avenues des maisons de campagne, et d'enlever de vive force la paille des fermes pour s'établir au bivouac. Le 52ᵉ régiment fut privé de vivres pendant *trente-six heures.*

naît et apprécie le zèle, mais aussi aux généraux et chefs de corps, et à tous les officiers des régimens qui sont, au nom des soldats qu'ils commandent, les premiers intéressés au bien-être et à l'honneur de l'armée.

» Le quartier-général de M. le maréchal sera établi jusqu'à nouvel ordre à *Merxem*.

»L'armée est prévenue que M. le colonel *Caradoc* est *arrivé en qualité de commissaire anglais et qu'il suivra le quartier-général*.

» Le chef d'état-major-général de l'armée :

» *Signé* St.-Cyr-Nugues.»

Les négociations continuaient ; nos cantonnémens étaient traversés nuit et jour par des courriers de cabinet ; et la diplomatie, représentée par M. de Taillenay pour la France, et par sir Robert Adair pour l'Angleterre, avait établi ses bureaux dans le camp. L'ordre du jour précité vint annoncer la présence à l'armée d'un commissaire anglais, le colonel *Caradoc*. Cet ordre du jour fut accueilli avec aussi peu de faveur que celui du 21 novembre, car, indépendamment de cette *censure anglaise* dont les ciseaux étaient destinés à rogner les ailes de la Gloire si la fortune des armes couronnait notre entreprise, nous vîmes encore avec douleur, *nous qui en avions fait l'expérience*, que notre général avait pris pour de la sympathie pour ses troupes, les bassesses des aides-de-camp de Léopold, qui volontiers lui auraient tiré ses bottes.

Notre quartier-général fut transporté à *Borgerhout*, afin de se rapprocher de Berkem, centre présumé des opérations du siége.

L'Angleterre avait aussi, dans la campagne d'Alger, peu de temps avant la révolution de juillet, essayé de surveiller notre expédition. Au moment d'appareiller de la rade de Toulon, l'on vint dire au brave amiral DUPERRÉ qu'un bateau à vapeur anglais chauffait, et qu'on lui présumait l'intention de faire connaître à l'ennemi le moment de notre départ. L'amiral donna l'ordre à des croiseurs placés en dehors des passes de ne laisser sortir du port aucun bâtiment (*et d'employer au besoin la violence pour les retenir*), que trois jours après que notre escadre aurait été perdue de vue..... Cet ordre fut exécuté par l'amiral Jacob, alors préfet maritime, malgré les réclamations du consul d'Angleterre.

Aurions-nous perdu de notre indépendance par la révolution de juillet? et l'émancipation des peuples, le dernier degré de liberté pour les nations, doit-il ressortir de l'application d'une mesure qui, d'après l'histoire, fut une des causes de l'assassinat du chef de la maison de Bourbon (1) ?

La pièce ci-après, répandue avec profusion dans nos cantonnemens par des gens connaissant parfaitement la susceptibilité française, ne fit qu'aigrir le soldat :

LA CITADELLE D'ANVERS ET LE COMMISSAIRE ANGLAIS.

« Monsieur le maréchal, si l'on ouvrait la tranchée devant la citadelle ?

» — Demandez-en la permission au colonel Caradoc.

» — Monsieur le maréchal, si nous mettions en batteries nos pièces de siége ?.....

» — Informez-vous préalablement si tel est le bon plaisir du colonel Caradoc.

» — Les trois couleurs de Jemmapes et de Valmy auraient grand besoin de se reteindre dans un peu de gloire, Monsieur le maréchal !...

» — Si le colonel Caradoc n'y trouve aucun inconvénient.....

(1) Ce fut au moment de partir à la tête de son armée pour mettre à exécution son système de paix générale, *beau rêve du meilleur des rois*, que Henri IV fut assassiné sur le Pont-Neuf !.... Quatre siècles plus tard, dans les mêmes circonstances, Louis-Philippe faillit avoir le même sort.

» — Monsieur le maréchal, voici un plan de campagne qui paraît assez bien concerté?

» — Priez d'abord le colonel Caradoc de vouloir bien y apposer son *visa*.

» Cet honorable colonel Caradoc est le commissaire anglais délégué, par le bon plaisir du cabinet britannique, auprès de l'armée du juste-milieu, afin de présider aux exploits futurs du grand prince ROSOLIN. On ne lui permet la gloire que sauf autorisation venue de *Saint-James* en droite ligne. S'il prenait fantaisie au milieu d'outre-passer d'un pouce les strictes dispositions du programme convenu, l'inévitable colonel Caradoc serait là pour opposer son *veto* à cette émancipation d'ardeur belliqueuse. Du reste, la présence d'un commissaire anglais auprès d'une armée française n'est pas un fait nouveau dans notre histoire. On peut citer un exemple d'une pareille humiliation, un seul, à la vérité : c'était en 1719, sous la régence D'UN DUC D'ORLÉANS. »

C'était par des pièces semblables qu'on essayait de montrer au soldat combien était peu nationale une expédition soumise au contrôle de notre éternelle ennemie, expédition que repoussaient les vrais Belges, et qui n'avait de partisan que la valetaille ministérielle.

LE PETIT CATÉCHISME POPULAIRE BELGE donnera une idée de l'opinion publique. Nous le donnons ci-après :

« Où sont les ministres ? Nulle part. Et le roi ? En voyage. Et l'armée belge ? A la caserne. Et la Constitution ? On peut encore vous en montrer une douzaine d'articles ; le reste est effacé. Et l'indépendance nationale ? Nous avons 60,000 Français, et nous attendons 100,000 Prussiens. Et l'industrie ? La mer est bloquée. Et le commerce ? Anvers est à la veille d'un bombardement. Et nos finances ? Dettes, emprunts et déficit ; voilà le plus clair de notre bien. Qui vous a procuré toutes ces belles choses réunies ? La révolution. Qu'est-ce qu'une révolution ? C'est un changement de mal en bien quand le peuple souffre, comme il devait arriver en France ; et de bien en mal, comme il est advenu en Belgique. Comment vous consolez-vous ? Avec des jésuites. Qu'est-ce qu'un jésuite ? C'est une fort brave espèce d'hommes que les Français chassent de leur pays et pour lequel ils vont se faire tuer dans le nôtre. Pourquoi avez-vous fait votre révolution ? Parce qu'il était défendu aux habitans de Loochristi de parler français, que M. Van de Velde n'était pas gouverneur de Gand, et qu'il manquait dix cent mille francs à M. Lebeau pour être millionnaire. Comment se nomme le roi des Belges ? Le comte d'Aerschot. Quel est le contraire d'une révolution ? Une restauration. Qu'est-ce qu'une restauration ? Le plus grand des maux quand la révolution fut légitime, le plus grand des bienfaits quand la révolution fut absurde. Dans quelle catégorie placez-vous la vôtre ? Dans la catégorie des absurdes. Combien votre gouvernement compte-t-il d'alliés ? Deux : la France pour les emplois, et l'Angleterre pour les importations. Combien y a-t-il de provinces en Belgique ? Neuf, d'après la Constitution, et six, d'après la volonté ministérielle. Combien d'espèce de libertés ? Trois, d'après la Constitution : liberté de la presse, liberté des cultes, liberté individuelle;.... aucune d'après l'état de siége et l'omnipotence catholique. Regrettez-vous l'ancien régime ? Beaucoup. Votre révolution doit-elle durer ? Les monstres ne vivent pas long-temps. Combien y a-t-il de vertus théologales en politique ? Une seule. Nommez-la. — L'Espérance. »

Un journal français, jadis l'apologiste de la révolution de septembre, s'exprimait en même temps ainsi sur ses déplorables conséquences :

Voici ce qu'il disait des Belges :

« Leurs malheurs, car ils sont fort malheureux, c'est la diplomatie qui les a faits. Le peuple, dont l'instinct va toujours droit au but, crut, en septembre 1830, qu'il s'agissait de choisir entre la réunion à la France et l'accouplement avec la Hollande ; en expulsant les Nassau, il manifesta suffisamment son choix (1). Mais bientôt arrivèrent les hommes du milieu, et l'on sait le reste. Pénurie dans les finances, ruine dans l'industrie, dettes immenses, impôts accablans, voilà pour le matériel. Quant au résultat moral, c'est un gâchis à ne s'y pas reconnaître, tant les influences de parti s'y croisent et s'y paralysent. Jamais l'on n'a fait servir le mot sacré d'indépendance nationale à une mystification plus cruelle.

» Il ne faut pas s'en étonner : le nom du parti qui domine suffit à tout expliquer. Ce parti, qui détruit tout ce qu'il touche, qui hait la France et qui ne peut se passer d'elle, qui vient de renverser un ministère qu'il n'ose remplacer, et

---

(1) Erreur !.... Ce fut le parti prêtre qui prépara les perfides adresses. Ce fut lui qui dirigea la fusillade par les fenêtres de la place Royale, contre les soldats inoffensifs de Guillaume ; ce fut encore lui qui fit menacer de la mort ceux qui ne voteraient point l'exclusion à *perpétuité* de la maison d'Orange. Ce parti est le même que celui qui assassina les Français le lendemain de la bataille de Waterloo ! Et c'est encore lui qui vient de repousser la proposition *toute française* de M. Gendebien, relative au monument de Waterloo. C'est lui, c'est ce parti qui regarde comme une gloire pour la Belgique d'avoir contribué au MASSACRE DU *Mont-Saint-Jean !!!*....... Il n'y a point *de peuple* en *Belgique* comme l'entend le journaliste français.

(*Note de l'auteur.*)

auquel il ne veut pas laisser succéder de vrais patriotes; qui dépopularisera Léopold en Belgique, comme il a fait tomber tout gouvernement auquel il s'est accroché : *c'est le parti prêtre.* »

Tout semblait donc conspirer pour dessiller les yeux du chef et du soldat, et pour montrer cette expédition sous son jour véritable. Malgré cela, les préparatifs du siége continuaient et les privations de tout genre ne diminuaient en rien l'ardeur de nos troupes. Vingt-quatre heures après avoir débarqué en Afrique, en 1829, le service des vivres était organisé, et nos soldats touchaient leur ration en pain, cuit sur la plage par nos ouvriers d'administration!..... L'armée fut moins heureuse sous les murs d'Anvers, elle eut à supporter la faim pendant trente-six heures.

Nous avons dit que le maréchal avait été induit en erreur sur la véritable position des troupes; nous croyons devoir transcrire une pièce empruntée au journal dit *le Belge,* qui ne laissera plus de doute à cet égard.

DÉVASTATION DES PROPRIÉTÉS BOISÉES, DANS LA PROVINCE D'ANVERS.

« Dans la séance du 15 décembre 1832, il s'est élevé dans le sein de la Chambre des représentans une vive discussion.

» M. Gendebien a soutenu qu'on avait laissé manquer l'armée française de pain, de paille, de bois pour se chauffer ; qu'à défaut de paille, elle avait été forcée de prendre dans les granges des gerbes non battues, et de couper les arbres d'avenues tout entières pour le chauffrage, les gabions, les fascines et autres objets nécessaire au siége.

» M. Ch. Rogier a répondu que ces *ravages* n'étaient point le résultat de l'imprévoyance de l'administration ; qu'elle avait fait tout ce qu'il est possible de faire pour empêcher ces dégâts ; qu'il était entré dans le royaume plus de troupes qu'on n'en avait annoncé ; que les marchés ont été conclus par l'administration française, et que par conséquent les reproches retombent bien plus sur cette administration que sur l'administration belge.

» Nous croyons utile de réduire les assertions de M. le ministre à leur juste valeur, et de prouver que l'administration belge est inexcusable, et mérite les reproches que M. Gendebien lui a adressés.

» Le 17 octobre, le général Evain, ministre de la guerre de Belgique, et M. de La Neuville, intendant général de l'armée française, signèrent toutes les conditions relatives au passage et au séjour de cette armée dans notre pays.

» Le lendemain ce traité fut ratifié à Valenciennes.

» Par un des articles de ce traité, il avait été stipulé que notre gouvernement fournirait pendant un mois tout ce qui était nécessaire à l'armée française dont le total était fixé à 30,000 hommes.

» Il paraît qu'à cette époque on croyait que ce nombre de troupes suffirait pour l'expédition ; qu'il fut ensuite jugé insuffisant, comme l'a fait observer M. Rogier, et porté à 60,000 hommes.

» Mais puisqu'on s'était engagé à fournir pendant un mois à tous les besoins d'une armée de 30,000 hommes, il est évident que les préparatifs qu'on a dû faire pour cela eussent dû suffire aux besoins de l'armée de 60,000 hommes *pendant quinze jours.*

» Et cependant, on le sait, dès leur arrivée, les soldats français ont manqué de tout ; ils ont été forcés d'aller abattre sur les propriétés particulières le bois de chauffage dont on les laissait manquer.

» L'administration belge n'est donc point excusable ; car depuis le 17 octobre jusqu'au moment de l'arrivée des Français sous les murs d'Anvers, elle a eu tout le temps qu'il fallait pour faire les approvisionnemens nécessaires.

» Si les soldats français ont dû, pour se chauffer, couper une foule d'arbres en pleine croissance, s'ils ont dévasté d'une manière déplorable des bois, des avenues superbes, la faute doit donc tout entière retomber sur l'administration *belge*, dont l'imprévoyance est aussi *criminelle*, ce nous semble, qu'elle est *inexplicable* (1). »

(Le Belge.)

« Le courage et la patience des soldats français sont vraiment admirables. Campés sur les digues, entre Beveren et Calloo, ils ont passé plusieurs nuits en plein air sans feu ni paille de couchage. Ce matin on fait des réquisitions de paille et de bois dans les communes de Tamise, Haesdonck, Cruybeke et autres. »

(L'Indépendant.)

Ainsi la tribune nationale et les journaux signalaient des faits que M. le maréchal ne pouvait ignorer.

(1) Tout fut préparé, comme nous l'avons déjà fait remarquer, par le parti de M. DE MÉRODE pour rendre le Français odieux en même temps qu'on se servait de lui pour affranchir la Belgique. L'esprit de l'armée française, connu par les chefs du gouvernement belge, leur donnait de l'ombrage. Le soldat disait tout haut sa pensée : et ce n'était point d'*évacuation* qu'il s'entretenait, mais bien d'une *halte* après la prise de la citadelle, en attendant qu'il marchât sur le Rhin. La diplomatie, présidée par le colonel Caradoc, interdit l'entrée de la ville à l'armée française, et l'administration se chargea de nous prouver que les vivres étaient même insuffisans pour le temps que devait durer le siége, et que nous ne pourrions occuper le pays qu'en le dévastant comme une terre conquise.

COMPOSITION DE L'ARMÉE DU NORD

Au 22 novembre 1832.

Avant-garde.— Duc d'Orléans, ayant sa position sur la route de Breda à Rosendaal ; quartier-général à Braschaete.

20ᵉ léger, 3 bataillons ; 1ᵉʳ hussards, 4 escadrons ; 1ᵉʳ lanciers, 4 *idem*.

1ʳᵉ *Division.* — Général Sébastiani, sur la rive gauche de l'Escaut ; quartier-général : Saint-Nicolas.

1ᵉʳ *brigade.* — Général Harlet : 11ᵉ léger, 3 bataillons ; 5ᵉ de ligne, 3 *idem*.

2ᵉ *brigade.* — Général de Rumigny : 8ᵉ de ligne, 3 bataillons ; 19ᵉ de ligne, 3 *idem*.

2ᵉ *Division.* — Général Achard, sur la route de Turnhout à Berg-op-zoom ; quartier-général à Schooten.

1ʳᵉ *brigade.* — Général Castellane : 8ᵉ léger, 3 bataillons ; 12ᵉ de ligne, 3 *idem*.

2ᵉ *brigade.*— Général Woirol : 22ᵉ de ligne, 3 bataillons ; 39ᵉ de ligne, 3 *idem*.

3ᵉ *Division.* — Général Jamin, Malines et Contich ; quartier-général à Contich.

1re *brigade*. — Général Zœpfel :
19ᵉ léger, 3 bataillons ; 18ᵉ de
ligne, 3 *idem*.

2ᵉ *brigade*.—Général Georges :
52ᵉ de ligne, 3 bataillons, 58ᵉ de
ligne, 3 *idem*.

4ᵉ *Division*. — Général FABRE, sur la rive droite
de l'Escaut et du Rupel ; quartier-
général à Hemixem.

1re *brigade*.—Général Rapatel ;
7ᵉ de ligne, 3 bataillons ; 25ᵉ de
ligne, 3 *idem*.

2ᵉ *brigade*. — Général d'Hémi-
court ; 61ᵉ de ligne, 3 bataillons ;
63ᵉ de ligne, 3 *idem*.

CAVALERIE.

Brigade du général LAVOESTINE.
7ᵉ chasseurs, 4 escadrons ; 8ᵉ chasseurs, 4 *idem*.
Sur la route de Berg-op-zoom.

Brigade du général SIMONNEAU.
4ᵉ chasseurs, 4 escadrons ; 5ᵉ hussards, 4 *idem*.
Contich.

Division du général DEJEAN.—Alost et environs ;
quartier-général : Alost.

1re *brigade*.—Général de Rigny :
2ᵉ hussards, 4 escadrons ; 1ᵉʳ chasseurs, 4 *idem*.

2ᵉ *brigade*. — Général Latour-
Maubourg : 5ᵉ dragons, 4 esca-

drons ; 10ᶜ dragons, 4 *idem.*

Division du général GENTIL-SAINT-ALPHONSE. — Grammont et Audenarde.

1ʳᵉ *brigade.* — Général Villate :

1ᵉʳ cuirassiers , 4 escadrons ;

4ᵉ cuirassiers, 4 *idem.*

2ᵉ *brigade.* — Général Gusler

9ᵉ cuirassiers, 4 escadrons; 10ᵉ cui- rassiers, 4 *idem.*

La 5ᵉ division, dite de réserve, se formait à Valenciennes, Lille et Maubeuge ; elle était commandée par le général SCHRAM, qui avait sous ses ordres les généraux Rullière et Duro- cheret.

Cette dernière nouvelle fut accueillie avec joie par l'armée expéditionnaire ; elle y puisa l'espérance que la France n'était point sûre de ses alliés, et qu'une guerre générale serait l'iné- vitable conséquence de notre expédition. Le bruit de la retraite du commissaire anglais Ca- radoc et la protestation de sir Robert Adair contre une expression de la proclamation du maréchal, ne fit que fortifier cette opinion, na- tionaliser notre entreprise, et nous encourager à endurer les rigueurs de la saison avec l'insou- ciante gaîté française.

La cupidité amenait dans nos quartiers quel- ques spéculateurs qui rançonnaient nos troupes d'une manière impitoyable. Tout se vendait au poids de l'or, et l'impudeur des marchands belges leur avait fait appliquer par nos soldats la dénomination d'*enfans d'Israël*. La sévère discipline introduite dans nos rangs était la sauve-garde de ces misérables, qui faisaient de notre intervention un objet de lucre, et qui affamaient nos régimens, afin d'avoir à discrétion la chétive bourse du soldat.

Nous n'étions pas les seules victimes de la rapacité brabançonne : laissons parler le journal *l'Indépendant* :

« Nous apprenons que d'avides spéculateurs, dont on nous a dit les noms, se rendent fréquemment à Anvers et dans les environs, pour acheter à bas prix, et au comptant, des malheureux paysans et autres, les bons sur les caisses de France, que les autorités françaises leur délivrent pour des fournitures en tout genre. Ces spéculateurs sont nombreux ; ils parcourent le pays occupé par les Français, et les bénéfices qu'ils font sont immenses. Comme il n'est pas douteux que ces bons ne soient payés intégralement et dans un bref délai, nous croyons devoir engager leurs détenteurs à ne pas s'en dessaisir, et nous pensons que les autorités belges, comme les autorités françaises, feraient bien de les prémunir contre la cupidité des agioteurs. »

(L'Indépendant.)

Ainsi l'incurie de l'administration de la guerre livrait les contribuables aux sangsues du peuple!..... A quoi bon de gros traitemens, des naturalisations à grand spectacle, pour remplacer les incapacités natives par les incapacités étrangères (1)?...

Tandis que nos soldats étaient rançonnés par les Belges, examinons la conduite que tenait la Hollande envers ses défenseurs.

Les dons patriotiques, adressés chaque jour à la garnison de la citadelle, étaient si nombreux, qu'il aurait fallu une feuille spéciale pour en rendre compte : car, si le Hollandais aime à gagner de l'argent, quand la patrie est en danger, ou que l'humanité souffrante implore son secours, il donne avec une générosité qui prouve que son amour du gain ne prend pas sa source dans des sentimens ignobles d'avarice ou d'avidité.

Des volontaires de toutes les classes de la société venaient s'enfermer avec le vieux général pour partager ses dangers. Voyons le langage qu'il tient à ses soldats :

« BRAVES FRÈRES D'ARMES !

» Le moment approche où la valeur et la

(1) Le général français Evain vient de se faire naturaliser belge afin de pouvoir administrer le département de la guerre. Les faits que nous avons sous les yeux prouvent assez que M. Charles de Broukère, son devancier, n'eût point administré d'une manière plus pitoyable.

fidélité néerlandaise vont subir une nouvelle épreuve : sous peu de jours une armée française paraîtra sous nos murs, pour nous forcer par les armes, si c'est possible, à rendre cette citadelle et les forts qui en dépendent.

» Plein de confiance dans notre bon droit, dans votre courage éprouvé, et votre dévoûment au roi et à la patrie, nous verrons arriver cette armée sans crainte.

» Frères d'armes! toute la Néerlande et même l'Europe ont les yeux fixés sur vous. Montrez tous, et chacun en particulier, que la confiance dont notre Roi chéri nous a honorés n'a pas été accordée à des hommes qui en seraient indignes, et prenons l'inébranlable détermination de nous défendre courageusement jusqu'à l'extrémité.

» *Signé* le général baron Chassé. »

La simplicité de l'appel du vieux brave au courage de ses compagnons ; ce général qui ne cache point le danger à ses soldats patriotes ; qui réclame l'exécution d'une parole donnée ; cette confiance dans la justice d'une cause nationale, d'une cause qui a appelé sous les ordres de ce chef 6,000 volontaires que nuls dangers n'épouvantent, en dirent plus à nos troupes, sur l'esprit de la garnison et sur la résistance qu'elles avaient à en attendre, que tout ce que les journaux des deux partis débitaient chaque jour.

Pendant qu'un accord parfait régnait chez

nos ennemis ; que la nation se pressait autour de son Roi, et que les Chambres, par des votes unanimes, appuyaient le gouvernement néerlandais, celui de la Belgique était livré à l'anarchie ; les ministres, renversés par l'opposition, étaient descendus dans les ateliers typographiques, et de là lançaient, sur les députés patriotes, le venin de leur ire.

M. le comte de Mérode adressait au *Courrier belge* la lettre suivante, politesse de cour adressée aux membres de l'opposition.

« Bruxelles, le 29 novembre 1832.

» Monsieur, votre journal annonce que je travaille à faire rentrer dans le ministère M. de Theux et M. Raikem. M. Raikem est un trèsbon président, dont je serais fâché que la Chambre fût privée sitôt ; quant à M. de Theux, j'aurais été charmé de le voir conserver son portefeuille de l'intérieur. Maintenant je voudrais que ce portefeuille demeurât dans les mains de M. Charles Rogier. J'aime trop, en effet, le régime constitutionnel pour désirer qu'on le transforme en lanterne magique de ministres successivement remplacés, afin d'amuser les *démolisseurs de l'opposition*.

» Agréez, etc.

» Comte Félix DE MÉRODE. »

Ce ministre d'état faisait publier *en même temps* une diatribe violente contre l'opposition ;

nous citons un extrait de ce pamphlet inscrit dans les journaux :

« Il ne sera pas inutile de faire remarquer, d'abord, que jamais Chambre de représentans n'a été aussi mal composée que celle dont il est ici question. Le parti de l'opposition, que l'on est convenu d'appeler les 42, se compose, partie d'*esprits faibles* qui se laissent mener par les *brailleries des plus astucieux*, qui forment l'autre partie. Ces 42 ont dessiné leur position dès l'ouverture de la session. Leur plan est clair; rendre le *gouvernement impossible* et prêcher de la popularité pour l'échanger ensuite contre un portefeuille ou de l'or. Mais qu'ils y prennent garde, ils pourraient bien n'y trouver que de *la honte* et le *mépris public;* car ce peuple qu'ils fatiguent de leurs phrases ronflantes a aussi son bon sens; il voit trop bien les résultats de cette opposition fulminante et perpétuelle, qui aboutit toujours à des avantages personnels acquis au prix du repos public. L'opposition, en un mot, n'aspire à monter au faîte de la célébrité, que pour se vendre plus cher; vous la voyez aujourd'hui courtisant la populace; demain vous la verriez la plus vile prostituée du pouvoir, si ce pouvoir daignait la payer. L'audace de l'opposition n'a pas encore attaqué le Roi directement, mais *elle l'osera bientôt;* elle essaie ses forces; déjà les 42 disent en triomphant : «*Nous avons renversé le ministère!* » La noble victoire ! Jetez un homme sans armes au milieu d'une troupe de loups affamés, et qu'ensuite ces bêtes féroces aillent se vanter de l'avoir mis en pièces, elles auront aussi bonne grâce que les 42. Oui, Messieurs, vous avez renversé le ministère ; vous avez cette honte : vous l'avez renversé, mais *vous n'avez pas su en organiser un autre* ; c'est là une preuve de la confiance que vous inspirez, vous et vos doctrines, que l'on fuit comme une épidémie.

» Il a fallu un courage bien stoïque, bien au-dessus du vulgaire pour avoir pu endurer les injures, les plates calomnies, les mensonges, les expressions de bagne de ces 42, dont les noms seront redits avec dégoût par la postérité. Honneur à vous, général Goblet ! à vous, ministre, la palme du martyre politique que le juste-milieu, parti de la raison, vous décerne d'un commun accord ! il vous sera tenu compte de ce qu'il a dû vous en coûter en vous voyant indignement outragé par une opposition sans foi et sans pudeur. Vous êtes déjà vengé : les injures qui vous ont été prodiguées couvrent aujourd'hui l'opposition d'un mépris trop mérité, et votre réélection à la Chambre est la défense la plus noble, la plus conforme à vos antécédens, qu'il était possible d'opposer à ces 42 *arlequins de la populace.*

» Il est juste, aussi, de rendre au sénat le témoignage que mérite sa conduite honorable ; il a agi comme il convenait que le fissent les représentans de la haute classe de la société ; il a montré la différence énorme qui existe entre eux et ces misérables hableurs qui se débattent pour sortir de la boue où leur conduite les enfonce de plus en plus.

» Vous, ministre Lebeau, si le crime que l'on vous reproche, et pour lequel on vous tient rancune, est d'avoir amené l'élection du roi Léopold, et d'avoir tiré la Belgique du bourbier où les septembriseurs l'avaient enfoncée, et où la maintenait un indigne régent qui a souffert et toléré sous ses yeux le pillage et l'incendie, recevez aussi les remercîmens de cet acte de patriotisme éclairé.

» Quant à vous, qui anjourd'hui figurez aussi parmi les 42, et qui ne rougissez pas d'abreuver de dégoûts votre Roi et son gouvernement, où seriez-vous sans ce *prince généreux ?* A l'heure qu'il est, vous seriez errans, sans asile, sur un sol étranger, où chacun vous montrerait au doigt, en disant de l'un : «Voici celui qui *menait les pillards à la rue de Berlaimont;* » de l'autre : « Voilà celui *qui leur désignait la maison de Mathieu;* » d'un autre :« C'est celui qui, semblable à bien des gens, fuyait comme un lâche vers Valenciennes, lorsque les Hollandais approchaient de Bruxelles. » Et si l'exil n'avait pas été votre partage, moins heureux encore, vos têtes seraient tombées sous la hache de la Restauration. »

Cet écrit donna lieu à des récriminations; toutefois l'opposition n'eut point recours à de semblables armes. Le ministère avait épuisé, dans son factum, les lieux communs de l'injure; il appartenait à ceux qu'il avait essayé de flétrir de s'en venger en livrant ses actes à la vindicte publique.

Cependant *le Knout*, journal hebdomadaire, continuait à torturer les hommes du pouvoir; il s'exprimait ainsi envers les ministres, dans son numéro du 29 novembre :

« A qui ose insulter à l'honneur national, à l'amour propre et à la bravoure de l'armée, le *knout!*

» Le *knout* aussi, à cette royauté hibride, à ce prince *anglo-franco-germain,* souverain improvisé, qui ne sait trôner, au XIX$_e$ siècle, qu'en s'entourant de prêtres et de papistes, lui luthérien, le *knout !*

» A lui qui, loin de maintenir par un grand sacrifice l'honneur du pays qu'il gouverne, signe lâchement, par la main de ses ministres, l'acte qui appelle l'étranger sur le sol de la patrie, sous le spécieux prétexte d'un secours dont elle n'a pas besoin, et qui l'avilit aux yeux des autres peuples, le *knout!* le *knout!* le *knout!!!!* »

Nous avons dit précédemment que tous les partis repoussaient notre intervention, et que les journaux de toutes les opinions étaient en hostilité contre le principe qui nous avait fait franchir la frontière. Le parti gouvernemental, celui de la congrégation apostolique, représenté par M. Félix de Mérode, était le seul qui nous appuyât; l'on a vu combien son incurie avait semé de maux sur les pas de nos soldats. Nous allons faire connaître les hommes pour lesquels Léopold a exhumé toutes les grandes charges de l'empire, et qui, du cabinet de ce prince, dirigent depuis deux ans la Belgique dans la marche déplorable dont les conséquences nous ont déjà amenés deux fois dans ce royaume.

Le premier, d'Hane de Stenuyse (1), l'un des premiers déserteurs de l'armée des Pays-Bas, était, lors de la révolution de septembre, major au service hollandais. Nommé grand-maître de la maison militaire du roi des barricades, grand-prevôt de l'armée, chef des janissaires, il est encore placé à la tête de la police occulte du palais.

Le second, le comte d'Aerschot, dans un moment de velléité républicaine, brûla titres et parchemins en 1794; après la glorieuse révolution de septembre, Léopold l'en a dédommagé en le nommant à l'emploi plébéien de grand-maréchal du palais.

(1) Cet officier supérieur usa de son influence pour entraîner dans sa désertion plusieurs jeunes officiers de son corps.

Le troisième, le marquis DE CHASTELER, appelé communément le *caisson de Léopold*, à cause d'une petite aventure de *quasi-lâcheté* arrivée à la bataille de Waterloo, où la peur lui fit crier, au commencement de l'action, *qu'il avait un boulet dans le ventre,* conduite qui le contraignit de donner sa démission peu de jours après la bataille, pour échapper aux sarcasmes d'un *prince* (1); parce que l'illustre marquis voulut sa part du triomphe, quand il avait passé dans un mauvais lieu le temps qu'il aurait dû employer à se battre, motif qui le fit chasser de l'armée des Pays-Bas..., considérant ce fait, Léopold le nomma son grand-écuyer.

Le quatrième, le comte FÉLIX DE MÉRODE, maire du palais, *benin ennemi de l'opposition,* chef des prêtres, créateur de tous les gouvernans qui depuis deux ans se disputent les dépouilles des contribuables, n'avait de titre à ce visariat que sa haine pour la maison de Nassau, qui avait refusé de changer sa couronne de comte en celle d'altesse sérénissime.

Le cinquième, enfin, l'homme unique, le Robinson-Crusoé de la révolution de septembre, le Voltaire gouvernemental, le prédicateur des gouvernemens à bon marché sous Guillaume, et qui trouvait sous Léopold qu'un fournisseur qui ne gagnait que 4,000 francs par jour ne

(1) Le prince d'Orange l'appelait son brave.

pouvait être taxé de trop d'exigence ; qui vient sur les bribes de ce marché Hambrouck, digne frère du marché Gisquet, acheter 1500 bonniers (1) de terre dans le pays le plus productif de la Belgique ; qui aujourd'hui exploite avec le même désintéressement les deniers de l'Etat, qu'il fait fabriquer et dont il a le contrôle... enfin l'honorable colonel DE BROUKÈRE, qui, de petit sous-lieutenant sous le roi des Pays-Bas, s'est fait tout ce qu'il a voulu, et qui vient de terminer sa carrière militaire par battre... monnaie !

Cette faction et ses acolytes, parmi lesquels figurent au premier rang les *Rodenback* et tant d'autres sangsues que la maison de Nassau avait sorties de la fange, sont les seuls qui font des vœux pour notre réussite : ces derniers surtout qui craindraient dans une restauration *le quart-d'heure de Rabelais, car ils doivent au roi Guillaume 40,000 florins.*

Ces messieurs, dans leur impatience, se permettaient de blâmer les lenteurs apportées aux préparatifs du siége de ce qu'ils appelaient *une bicoque.* Et des injures contre la garnison, con-

(1) Cette terre a coûté à M. de Broukère trois millions de francs environ.... Elle est probablement le fruit des économies du très-consciencieux administrateur de la Monnaie !

tre le chef qui la commandait ; et des épithètes
de lâcheté dont ils osaient qualifier les soldats
qui à Louvain et Hasselt leur avaient si bien frotté
les oreilles : tout cela, accompagné de forfante-
ries qui auraient fait rougir le plus intrépide
Gascon, faisait hausser les épaules aux officiers français que leur grade ou leur service
mettaient en relation avec eux ; officiers qui,
depuis le mois d'août 1831, connaissaient parfaitement la capacité et la bravoure des nota-
bilités que le roi Léopold paraît affectionner
avec d'autant plus de force que l'opinion publique les repousse comme étant les auteurs
des maux et des humiliations de la Belgique.

C'est ainsi qu'était composé le parti de l'intervention.

Cependant, malgré nos préparatifs d'attaques,
la Hollande avait paru croire jusqu'alors que
les négociations termineraient le différend. Les
captures faites par les escadres combinées et la
présence des flottes sur le littoral firent décré-
ter la levée en masse. La nation néerlandaise
répondit avec enthousiasme à l'appel de son
souverain. L'arrêté royal est du 23 novembre.

Les Belges se retiraient dans le centre du
royaume et laissaient occuper leurs frontières
par nos troupes.

La division Achard observait les routes de
Berg-op-Zoom, de Rosendael, de Breda et **de**

Turnhout. La brigade du général Lavoestine (cavalerie) et la brigade Woirol formaient la gauche ; la brigade Castellane, la droite, ayant devant elle le général Simonneau avec un régiment de chasseurs. Oostmalle, Ryckvorsel, Zoersel, Pulderbosch et Niersel étaient éclairés par de forts détachemens de cavalerie.

Le général Rapatel, avec une batterie et à la tête de sa brigade, s'établit en arrière de Berkem, Mortsel, Bouchout, Hove et Hdeghem. Elle manœuvra en longeant les opérations.

La deuxième brigade Fabre, avec une batterie et un escadron de chasseurs Simonneau, resta placée entre la chaussée de Boom et l'Escaut, à la hauteur d'Hoboken.

Un passage fut établi sur l'Escaut à Cruybeke.

M. Zyloff de Créqui, lieutenant de vaisseau, était arrivé de Brest à marche forcée, avec un détachement de marins des équipages de ligne, pour être mis sous les ordres du général Neigre.

Enfin, la sommation devait être faite le 30 novembre.

La division Sébastiani, toujours à Saint-Nicolas, était chargée d'observer les digues depuis la Pipe de Tabac jusqu'au fort Liefkenshoek, de même que les mouvemens de la flotte hollandaise.

La péripétie paraissait approcher ; l'Europe entière semblait porter intérêt au peuple que nous allons combattre. Quelle est donc cette cause ?..... Celle de nos auxiliaires est connue. Chaque jour nous révèle de nouvelles turpitudes, et c'est avec un sentiment de dégoût que nous voyons circuler dans nos cantonnemens ces officiers d'ordonnance belges, dont le luxe insolent contraste d'une manière frappante avec nos modestes uniformes.

Pendant que tout semble porter témoignage en faveur de la Hollande, il n'est point d'avanie que l'armée belge ne prodigue aux soldats de la citadelle : « La garnison est démoralisée, les » caporaux surveillent les soldats et sont sur- » veillés eux-mêmes par les sergens et par les » officiers ; sans cet espionnage et les exécutions » journalières, Chassé ne conserverait pas un » seul de ses soldats ! » Il y a tant de bassesse dans cette accusation qu'il nous répugne d'y croire. Bientôt nous serons à même de le vérifier, car tout est prêt pour ouvrir la tranchée.

L'on nous communique la lettre ci-jointe écrite par les négocians de Rotterdam aux négocians anglais, qui se sont déclarés les amis des Hollandais et qui pétitionnent chaque jour pour que les hostilités ne soient point dirigées contre un peuple juste et humain :

« Après tous les malheurs qui pèsent sur les habitans des provinces septentrionales des Pays-Bas depuis deux ans, il n'est aucune circonstance qui ait dû leur paraître plus consolante et leur offrir plus d'espérance pour l'avenir que la manifestation de la sympathie des honorables négocians anglais dans les efforts qu'ils ont faits pour engager leur gouvernement à se départir du système hostile qu'il a adopté envers notre pays.

» L'union de la Hollande et de la Belgique a été l'ouvrage des grandes puissances de l'Europe, au nombre desquelles s'est trouvée l'Angleterre. Cette union était contraire au vœu de la Hollande, pays jadis le centre du commerce du monde, où la vraie liberté civile et religieuse a toujours fleuri et où tout individu qui mettait le pied sur son territoire était protégé par des lois douces et justes.

» Pendant quinze ans, la Hollande s'est soumise à tous les inconvéniens de cette union, contraire à ses intérêts qui avaient de tout temps été fondés sur les principes d'un commerce libre avec le monde entier. A peine la séparation entre les deux pays eut-elle lieu, que les relations commerciales avec l'Angleterre furent favorisées par tous les moyens possibles, et surtout par une réduction considérable dans les droits d'entrée des produits des manufactures de la Grande-Bretagne, que la Hollande s'était vue dans la nécessité d'imposer fortement afin de favoriser et protéger les manufactures de la Belgique.

» Nonobstant les avantages que l'Angleterre a retirés de cette cause, et l'alliance intime qui a existé pendant si long-temps entre elle et la Hollande, nous avons vu nos intérêts, non-seulement négligés par notre alliée sans aucune cause raisonnable, mais encore la trahison et la révolte encouragées par elle, et nos propriétés attaquées par des vaisseaux et des marins anglais.

» Mais la tentative pour forcer la Hollande échouera ; son commerce pourra souffrir, mais les négocians hollandais sacrifieront avec joie leurs intérêts à l'honneur et à la sécurité de la patrie. Ils sont résolus à soutenir leur brave et bon Roi, et ils se reposent sur la Providence pour les délivrer de la situation périlleuse dans laquelle ils se trouvent aujourd'hui.

» Nos honnêtes amis les négocians anglais comprennent nos sentimens. L'expression de leur sympathie nous a procuré la plus grande consolation, et le but de la présente adresse est de leur faire parvenir nos sincères remercîmens. Nous sommes convaincus que nos amis d'Angleterre ont fait tout ce qu'il était possible aux fidèles sujets d'un gouvernement constitutionnel, et nous nous flattons que l'expression de leurs sentimens engagera le cabinet anglais à se désister de mesures qu'il n'a prises qu'à l'instigation d'une puissance qui est non-seulement livrée à la désunion intérieure, mais qui cherche encore à semer la discorde parmi les peuples étrangers.

» Nous vous recommandons encore nos intérêts, qui sont ceux de tout honnête négociant anglais. Assurez vos compatriotes que quoiqu'il n'y ait point de peuple qui sache mieux apprécier que nous l'avantage d'être en paix avec tout le monde, néanmoins, pleins de confiance dans la justice de notre cause, nous ne connaissons point la crainte, et que nous sommes unanimement décidés à maintenir l'honneur et l'indépendance du pays. »

(Signé par les principaux négocians.)

Une inquiétude vague s'est manifestée dans le camp, à l'issue d'un dîner diplomatique donné par le maréchal. MM. le colonel Caradoc, de Taillenay, et le colonel Boutay (ce dernier commissaire du gouvernement belge), tous accrédités près du quartier-général, se sont réunis en conférence, et il a été décidé que demain la tranchée serait ouverte.

Des courriers sont expédiés dans toutes les directions.

Bergerhout, 29 novembre 1832.

Enfin le moment si désiré est arrivé; l'ordre d'attaquer vient de nous être donné.

Les troupes qui doivent prendre part au siége sont réunies; nous allons ouvrir la tranchée.

A dix heures du soir, 4,500 hommes ont ouvert la tranchée. La parallèle a été également ouverte sur une étendue de 2,000 mètres; deux boyaux de communication l'ont été de même sur un développement de 900 mètres; la droite de la tranchée s'appuyant au glacis du fort Montebello, la gauche dépassant la chaussée de Boom.

Le duc d'Orléans commandait la tranchée. Les colonels Auvray et Saint-Albanet étaient sous ses ordres.

La parallèle n'était qu'à 400 mètres du glacis de la citadelle; tout s'est fait dans le plus grand silence.

Les postes avancés vers la citadelle du côté de la ville et le fort Montebello furent immédiatement occupés par les troupes françaises.

Les 7^c et 25^c de ligne ont été commandés les premiers.

Les compagnies d'élite de ces deux régimens, placées en avant des travailleurs, les protégeaient en cas de sortie; elles observaient le

(1) Ainsi le conseil d'attaque attacha le nom du Duc, en le nommant commandant de tranchée, à un acte au moins *indélicat;* car qui peut prévoir quelle eût été la réponse du général Chassé, s'il l'eût faite avant d'être entraîné *par surprise* sur le champ des hostilités? Ce n'est point lorsque le fourreau est jeté qu'un homme de cœur peut ne plus se battre!...

plus profond silence; des soldats étaient couchés sur le ventre; quelques sentinelles, encore plus avancées, étaient à genoux.

Les travaux au point du jour sont immenses; nos soldats ont tenu ce que leur ardeur promettait : nous sommes à l'abri du canon. La pluie a tombé à torrent. L'obscurité a protégé nos travaux.

A onze heures, le colonel Auvray part pour la citadelle porteur de la sommation au général Chassé.

SOMMATION

Faite au nom de la France et de l'Angleterre, par M. le maréchal Gérard, commandant en chef l'armée française, au général Chassé, commandant la citadelle d'Anvers.

Au quartier-général de Borgerhout sous Anvers, le 30 novembre 1832.

» Monsieur le général,

» Je suis arrivé devant la citadelle d'Anvers à la tête de l'armée française, avec mission de mon gouvernement de réclamer l'exécution du traité du 15 novembre 1831, qui garantit à S. M. le roi des Belges la possession de cette forteresse, ainsi que celle des forts qui en dépendent sur les deux rives de l'Escaut. J'espère vous trouver disposé à reconnaître la justice de cette demande. Si, contre mon attente, il en était autrement, je suis chargé de vous faire connaître que je dois employer les moyens qui sont à ma disposition pour occuper la citadelle d'Anvers.

» Les opérations du siége seront dirigées sur les fronts extérieurs de la citadelle, et quoique la faiblesse de la fortification du côté de la ville et le couvert des maisons m'offrent des avantages pour l'attaque, je n'en profiterai pas ; je suis donc en droit d'espérer que, conformément aux lois de la guerre et aux usages constamment observés, vous vous abstiendrez de toute espèce d'hostilités contre la ville. J'en fais occuper une partie dans le seul but de prévenir ce qui pourrait l'exposer aux feux de votre artillerie. Un bombardement serait un acte de barbarie inutile et une calamité pour le commerce de toutes les nations.

» Si, malgré ces considérations, vous tirez sur la ville, la France et l'Angleterre exigeront des indemnités équivalentes aux dommages causés par le feu de la citadelle et des forts, ainsi que par celui des bâtimens de guerre. Il vous est impossible de ne pas prévoir vous-même que dans ce cas vous seriez personnellement responsable de la violation d'une coutume respectée par tous les peuples civilisés et des malheurs

qui en seraient la suite. J'attends votre réponse,
et je compte qu'il vous conviendra d'entrer sur-
le-champ en négociation pour me remettre la citadelle d'Anvers et les forts qui en dépendent.

» Recevez, je vous prie, Monsieur le général,
l'assurance de ma considération.

» Le maréchal commandant en chef
l'armée du Nord.

» *Signé* comte GÉRARD. »

Cette *sommation* ne fut remise au général
Chassé que treize heures après l'ouverture de
la tranchée, sans doute pour laisser nos soldats
dans la persuasion que c'était pour la France
qu'ils allaient combattre. Les opérations commencées, l'on était certain de leur zèle et d'un
courage digne d'une meilleure cause. La connaissance de cette pièce importante causa quelque étonnement; mais, à la gloire de nos soldats, aucun murmure ne fut entendu, et il leur
resta du moins l'espérance que tout ce qu'il y
aurait d'honorable dans la lutte serait pour
l'armée, et que l'odieux d'un acte inoui dans
nos fastes retomberait sur ceux qui l'avaient
ordonné.

Toutes les nations de l'Europe délaissaient la
Hollande ! et c'était au nom du commerce eu-

ropéen que le salut d'une ville était sollicité du chef ennemi !..... La France et l'Angleterre, gouvernées par le commerce, attaquaient; l'Autriche, la Prusse et la Russie restaient dans une lâche inaction..... et, dérision ! l'on en appelait à la générosité d'un peuple victime de la plus lâche perfidie ! et l'on voulait qu'un général eût des ordres pour se soumettre à une telle sommation !.... et la France portait cet ordre au bout de 6o,ooo baïonnettes !

La sommation avait été minutée par la diplomatie. Un maréchal de France eût exposé les ordres de son gouvernement. Il n'eût point menacé de son courroux un ennemi qui pouvait, dans un noble désespoir, ensevelir la ville et les assiégeans sous les débris de la citadelle.

Lors du jugement des ministres de Charles X, la populace voulait se porter sur Vincennes pour massacrer les prisonniers : « Enfans (leur dit le » commandant de la forteresse), vous me con- » naissez; avant de vous ouvrir les portes, je » me ferai sauter, et j'engloutirai avec moi le » faubourg Saint-Antoine! »

Telle eût été la réponse de Chassé, si son gouvernement lui eût donné l'ordre de rendre la ville responsable de l'agression ; et cette peuplade si méprisée, traitée de barbare, eût trouvé dans ses deux millions d'habitans plus de volontaires que Lacédémone en opposa au courroux des dieux ! Mais le commandant ennemi avait reçu des ordres positifs de ne point faire feu sur une ville malheureuse, assez punie par la révolution de sa coupable ingratitude (1).

Réponse à la sommation.

« Citadelle d'Anvers, le 30 novembre 1832.

» Monsieur le maréchal,

» En réponse à votre sommation que je viens de recevoir à l'instant, je vous préviens que je ne rendrai la citadelle d'Anvers qu'après avoir épuisé tous les moyens de défense qui sont à ma disposition.

» Je considérerai la ville d'Anvers comme neutre aussi long-temps qu'on ne se servira pas des fortifications de la ville et des ouvrages exrieurs qui en dépendent, dont le feu pourrait être dirigé contre la citadelle et la *Tête de Flandre*, y compris les forts de Burcht, Zwyndrecht et Oosterweel, ainsi que la flottille sta-

(1) Napoléon jeta les fondemens de la nouvelle prospérité d'Anvers; Guillaume acheva ce que l'empereur avait si bien commencé : que fera Léopold pour que cette ville lui soit moins ingrate qu'à ces deux princes?

tionnée sur l'Escaut devant Anvers. Il s'entend de soi-même que la libre communication par l'Escaut avec la Hollande, comme cela a eu lieu jusqu'à présent, ne doit point être interrompue.

» J'apprends *avec surprise* que pendant que Votre Excellence entame les négociations, on commence des hostilités par des ouvrages d'attaque, au sud, sous le feu de notre canon.

» J'ai l'honneur de vous prévenir que si à midi on n'a pas cessé de travailler à ces ouvrages, je me trouverai dans la nécessité de les empêcher par la force.

» Agréez, etc.

» *Signé* baron Chassé. »

L'ennemi, en refusant de croire que des travaux d'attaque eussent été commencés avant une sommation préalable, ne faisait que rendre justice au caractère français. Nous vîmes avec douleur que l'on pourrait se faire une arme contre nous de ce que l'attaque avait précédé la sommation; et nos troupes souhaitèrent vivement de voir justifier cette infraction aux usages reçus par d'autres raisons que celles qu'allégua le général en chef dans sa seconde sommation.

Deuxième sommation.

« Quartier-général de Berchem, le 3o novembre 1832.

» Monsieur le général,

» Les premières hostilités sont dans les coups de canon que vous avez tirés sur mes troupes, au moment même où je recevais votre lettre de ce jour. La coupure des digues près de Liefkenshoek, le 21 et 25 de ce mois, et le coup de canon tiré sur un officier belge, pourraient être considérés comme une rupture d'armistice bien plus que les dispositions commencées sur le terrain que j'occupe devant la citadelle. Avant de tirer, j'ai voulu vous présenter un moyen de préserver la ville d'Anvers et sa population du fléau de la guerre, et dans ce désir j'ai offert de renoncer aux avantages que me présente une attaque du côté des maisons, en me bornant aux ouvrages extérieurs.

» La lunette de Montebello est nécessairement comprise dans ces derniers, ainsi que les contre-gardes et ouvrages ne faisant pas partie de l'enceinte proprement dite. En agissant ainsi, je me suis fondé sur l'exemple des siéges de 1746 et 1792, dans lesquels la ville, d'un commun accord, a été considérée comme neutre, sans que pour cela les assiégeans aient perdu la faculté d'étendre leurs travaux sur des ouvrages extérieurs. Lorsque j'userai d'une pareille faculté, si vous en prenez occasion de tirer sur la ville, je serai en droit d'attaquer votre citadelle par le côté qui me conviendra, et vous savez le désavantage qui peut en résulter pour votre défense.

» Si pour la conservation de la ville, je puis consentir à ne point faire usage des batteries intérieures pour tirer sur *la Tête de Flandre*, on ne saurait admettre pour cela que vous puissiez conserver la libre navigation de l'Escaut. Ce serait de ma part l'équivalent de vous assiéger sans vous bloquer. Je dois donc, monsieur le général, vous presser de nouveau d'accepter des arrangemens qui fassent de la ville d'Anvers un point neutre entre vous et moi, dans l'intérêt de votre honneur et de l'humanité, en vous rappelant que toute responsabilité d'un refus retombera personnellement sur vous.

» Recevez, etc.

» *Signé* le maréchal GÉRARD. »

Rien dans cette pièce ne répondait à l'attente de nos troupes ; les coups de canon du général Chassé n'avaient été tirés que treize heures après notre ouverture de tranchée, et une heure après l'arrivée de sa réponse à la première sommation. Les faits invoqués par le maréchal pour justifier son attaque étaient du domaine du passé, et ne pouvaient être classés qu'à côté de ceux qui depuis l'affaire de Louvain se sont chaque jour répétés aux frontières, tant du côté des Hollandais que des Belges. L'ennemi avait fait connaître l'intention de tirer sur les premières troupes qui passeraient sous son canon; il n'avait point exécuté ses menaces : il appartenait à l'armée française d'imiter son exemple avant d'attaquer, et à notre général de ne point se faire remorquer par la diplomatie anglaise, française et belge, dont les agens avaient établi leurs bureaux au quartier-général.

Que les diplomates prennent des déterminations avant l'ouverture d'une campagne; mais qu'ils en laissent aux soldats la direction, ou enfin qu'ils traînent dans le bourbier bureaucratique officiers et soldats avant de les envoyer à la guerre, afin que les vertus militaires ne soient plus une duperie.

L'exemple des siéges précédens, invoqué par M. le maréchal, est un non-sens dans l'espèce; car dans l'une et dans l'autre circonstance (de 1746 et 1792), les Français s'étaient emparés de la place avant d'investir la citadelle; leur domination ne devait être considérée que comme temporaire; les possesseurs de la citadelle, par conséquent, étaient les seuls intéressés à la conservation de la place.

Le général assiégé donna encore dans la suite des preuves du désir qu'il avait de ne point rendre la ville responsable des transgressions; car malgré son *sine qua non*, le maréchal fit intercepter ses communications avec la Hollande, les coupa ensuite, sans que le général Chassé mît ses menaces à exécution.

Réponse du général Chassé à la deuxième sommation du maréchal Gérard.

« Citadelle d'Anvers, le 3o novembre 1832.

» Monsieur le maréchal,

» En réponse à la seconde lettre de Votre Excellence d'aujourd'hui, j'ai l'honneur de l'informer que lorsque vous faisiez des propositions pour ne point attaquer la citadelle du côté de la ville, vos troupes étaient occupées sur le dehors à faire des ouvrages d'attaque contre la citadelle que je me suis vu forcé de combattre. C'est donc de votre part, monsieur le maréchal, que les hostilités ont commencé. Au reste, toutes les fortifications de la ville d'Anvers, avec les ouvrages détachés et les forts, ne peuvent jamais faire partie pour assiéger la citadelle sans que la ville d'Anvers ne soit compromise; et je vous préviens, monsieur le maréchal, que le premier coup de canon qui sera tiré de ces lieux, me fera considérer la ville comme ayant pris une attitude hostile qui pourra l'exposer à une ruine totale, dont les suites funestes retomberaient sur Votre Excellence. Il est incontestable, monsieur le maréchal, que les ouvrages susmentionnés ont été construits pour la défense de la place, et non pour attaquer la citadelle. C'est ainsi que les autorités militaires d'Anvers les ont toujours considérés et reconnus.

» La libre communication de la Hollande par l'Escaut, laquelle a toujours eu lieu, est un point sur lequel je ne puis céder, ne concevant pas que cette communication puisse vous être nuisible dans vos opérations de siége.

» Vous voyez par ces propositions, monsieur le maréchal, que je suis encore toujours disposé à épargner la ville, tel que ma conduite ne l'a que trop prouvé pendant deux ans, nonobstant des provocations réitérées des habitans et des autorités militaires.

» Recevez, etc.

» *Signé* baron CHASSÉ. »

Comme il l'avait annoncé dans sa réponse à la première sommation, l'ennemi commença le feu sur nos travailleurs, le 30 novembre à midi, une heure après l'arrivée de cette réponse au quartier-général.

Une sortie, conduite avec assez de résolution, nous fit perdre quelques hommes. Toutefois les gardes de tranchées eurent peu de peine à ramener l'ennemi dans la place.

Ici commence une série d'opérations, toutes du domaine des corps spéciaux. Les généraux d'artillerie et du génie opéraient comme dans un polygone. Nos soldats se montraient insensibles à l'intempérie de la saison. La pluie tombaient à torrent ; les tranchées présentaient un ruisseau de boue ; l'artillerie transportait à force de bras, au travers des champs, les pièces que l'on plaçait aussitôt en batterie.

Les travaux à exécuter étaient immenses. 6,000 hommes travaillaient sans relâche. Le 58ᵉ de ligne venait partager les travaux.

L'ennemi paraissait craindre une attaque de vive force sur la lunette Saint-Laurent. Ce fut en effet vers ce fortin extérieur que se dirigèrent nos premiers efforts.

Enfin, la mort s'avançait vers la place sous toutes les formes par de nombreux zig-zag que lui ouvraient les travailleurs. Comment résister à une attaque si bien conduite ? Quand les moyens de défense sont aussi circonscrits, et que nos batteries mouvantes pourront bientôt ouvrir leurs feux sous des parapets que les boulets ennemis ne font que fortifier, l'art et le courage deviennent inutiles : la défaite est reculée, mais elle est certaine : *dans vingt jours nous serons dans la place.*

Cette opinion, traduite dans toutes les langues de la hiérarchie militaire, circulait dans l'armée. L'officier d'artillerie la disait en termes stratégiques ; le cavalier, dans son langage ; et les sapeurs du génie, oracles des camps, l'expliquaient aux curieux fantassins.

C'est avec la *foi* que l'on gagne des batailles. Quelques soldats chargeront sur une pièce d'artillerie, avec la conviction d'y trouver la mort. *Vingt mille hommes ont besoin de croire à la victoire !*

4 décembre.

Cent trois pièces sont en batterie. Une nouvelle sommation est envoyée à la citadelle. Le général Chassé est informé que si à onze heures la place n'est point rendue, les batteries françaises commenceront à tirer. Le maréchal visite la tranchée, accompagné du duc d'Orléans, des généraux Saint-Cyr, Neigre, Haxo et Baudran, enfin de la plus grande partie de son état-major. Tout est en ordre; l'inspection des batteries est passée; les artilleurs sont à leurs pièces : on attend l'ordre de tirer avec impatience.

Les officiers commandant la tranchée sont MM. le général *Woirol*, le colonel Arnaud et deux chefs de bataillons des 61e et 65e. Les deux bataillons protégent les travaux.

11 heures.

Le parlementaire envoyé à la citadelle en apporte un refus formel..... La 5e batterie du fort Montebello donne le signal qui est répété par toutes les pièces de la ligne. La citadelle répond par un feu terrible : les bombes, les boulets, les obus labourent le terrain; les fusils de rempart causent nos premières pertes.

Des efforts inouis signalèrent chacun des jours de ce siége mémorable. Déjà les obstacles vaincus permettaient de le classer parmi les plus extraordinaires des temps modernes. Des sorties dans lesquelles les stratagêmes de la guerre employés pour surprendre nos postes n'étaient point toujours déjoués par les gardes de tranchée, amenaient sur les bras de nos travailleurs de nombreux assaillans. Tantôt revêtus de la capote sans fourniment, dans l'ombre de la nuit, le fusil en bandoulière, une pelle à la main, de nombreux détachemens d'ennemis tombaient sur nos soldats endormis ; d'autres fois se glissant sur les genoux jusque dans nos ouvrages, favorisés par le bruit des chevaux et de l'artillerie, ils luttaient corps à corps avec nos soldats, qui, ne pouvant faire feu avec leurs armes mouillées, reconduisaient l'ennemi à la baïonnette jusque dans ses poternes : les officiers, toujours en tête des sorties, les couvraient encore dans leur retraite avec les plus résolus de leurs troupes.

Dans une de ces sorties, un sergent d'une haute stature, dénotant une force prodigieuse, essayait de rallier ses camarades afin de résister à nos soldats ; il eût été aisé de le tuer : nos hommes voulaient le prendre. Deux s'en étaient emparés ; il les terrassa, déchargea son fusil et rejoignit ses camarades, qui déjà le croyaient notre prisonnier.

Un caporal et dix hommes, tous blessés plus ou moins grièvement, furent faits prisonniers dans cette sortie. Le caporal fut conduit au quartier-général. Le maréchal le fit interroger devant son état-major sur ce qui se passait dans la citadelle : il refusa constamment de répondre ; et comme on lui avait fait donner des rafraîchissemens et qu'on lui proposait de boire à la santé des Français et des Belges : « Oui, dit-il, si les Belges étaient encore comme à Waterloo ! » Puis prenant son verre : « A la santé du

père Guillaume et de mon brave général!» s'é-
cria-t-il. Et les officiers d'état-major de serrer
la main de ce brave, et le maréchal de lui faire
remettre vingt francs, qu'il refusa obstinément
d'accepter, en disant que ses frères ne l'aban-
donneraient point pendant sa captivité. Ce soldat montra alors au maréchal, comme une lettre de crédit, un journal hollandais où, à côté
des témoignages d'intérêt de leurs compatriotes,
se trouvait encore une liste de souscription ouverte en faveur des défenseurs de la citadelle
dans tous les Pays-Bas.

Un cri de sympathie s'était donc élevé en Hollande en faveur de cette garnison dont les exploits
et le courage suffiraient pour jeter des fondemens
impérissables de renommée militaire d'un peuple. La nation la moins belliqueuse de l'Europe
regardait avec un œil intrépide cette lutte de
géant, et encourageait du geste et de la voix
ses nobles champions. Tout était mis en œuvre
pour exalter cette belle résistance. L'anniversaire de la naissance du prince d'Orange fut
fêté par un redoublement d'efforts : c'étaient des
boulets, des obus, des pierres, des ferrures de
bâtimens que nos canons avaient renversés, que
les Hollandais firent pleuvoir sur nos ouvrages
pendant dix heures consécutives de cette journée, la plus désastreuse du siége. Le génie eut à
déplorer la perte de deux officiers de la plus

belle espérance : le fort Montebello se tut ; des batteries furent démontées sur toute notre ligne. Les infirmiers étaient insuffisans pour emporter nos blessés. Nos généraux parcouraient la tranchée et semblaient par leur présence vouloir déguiser le danger. Le silence et l'empressement des officiers à exécuter eux-mêmes ce qu'ils avaient jusqu'alors commandé, annonçaient aux soldats le caractère de l'action. Les chefs de pièce, montés sur les parapets, exposés à la mousqueterie de la place, régularisaient le pointage. Nos projectiles creux faisaient du ravage dans les embrasures qu'ils enfilaient, sans ralentir le feu de l'ennemi dont la célérité ne diminuait en rien la justesse. Déplaçant à chaque instant ses pièces, elles échappaient ainsi à notre tir, et jamais moins de succès ne furent obtenus par un plus grand redoublement d'efforts.

La place semblait un volcan quand la nuit fut venue. Une multitude de lumières de siége tombant sur nos ouvrages, les montrait aux assiégés. Nos soldats furent d'abord effrayés par ces boules enflammées lancées dans leurs batteries ; mais bientôt des hommes de corvée furent disposés pour les éteindre immédiatement après leur chute. Des fusées lumineuses aussi se croisaient sur nos têtes, et les balles de fusil de rempart qui frappaient sitôt après leur passage, annonçaient assez les motifs qui les faisaient lancer au-dessus de nos ouvrages. La place depuis douze heures grondait sans saccades ; point d'intervalles entre les feux de diverse nature que faisaient les assiégés : l'on eût dit qu'une nouvelle garnison, arrivée de la veille dans les murs de la citadelle, voulait montrer à l'ancienne comment il fallait répondre à l'artillerie française. La nuit fut terrible, et rien ne pourrait peindre ce silence au milieu du plus horrible bruit. Les civières, parcourant les travaux, enlevaient les membres, les cadavres et les corps mutilés... Pas un cri, pas une plainte, pas un signe de découragement : tout allait comme poussé par une force irrésistible. Les chaînes de servans de pièces étaient en vain rompues, rien ne ralentissait le passage des alimens du feu. Les bouches de nos pièces brûlantes vomissaient les charges sans qu'il fût besoin de mettre le feu... : la lumière découverte, le coup partait. La fumée dessinait une autre nuit dans cette nuit déjà si sombre ; et c'est à travers ce nuage de poudre que se heurtaient les projectiles. Le jour vint éclairer cette scène de carnage... Que de sang autour de nos pièces ! Que de membres échappés aux recherches des ambulances de nuit ! Et au milieu de cette boucherie, des éclats de rire, des chants de vaudeville que faisait taire un boulet du rempart ennemi. Nos soldats n'étaient plus fatigués : ceux de la place semblaient l'être, car ses feux avaient perdu du ronflement monotone de la veille.

Nos coups avaient porté. Des batteries ennemies avaient leurs pièces démontées, tandis que les nôtres ayant moins souffert, pouvaient continuer leurs feux ; l'ennemi, occupé à réparer ses ouvrages ruinés, ne combattait qu'avec sa mousqueterie, dont les coups venaient frapper tout ce qui dépassait les parapets.

L'on avait choisi le jour de cet anniversaire, que les Hollandais fêtèrent aussi dignement, pour distribuer à l'armée des croix fondues avec les pièces de canon prises aux Belges lors des batailles de Louvain et d'Hasselt. Le directeur de la guerre avait adressé à l'armée hollandaise la proclamation suivante :

« Braves soldats !

» C'est dans des circonstances bien graves que vous recevez cette marque honorable de votre fidélité à votre Roi et à votre patrie : déjà le canon d'une puissance *devenue célèbre en Europe* appelle le soldat néerlandais à de nouveaux travaux ; vous vous êtes toujours montrés fidèles chacun en ce qui le concerne, vous continuerez de même sous vos dignes commandans, et maintiendrez avec votre prince et vos concitoyens les droits sacrés et inviolables de la Néerlande.

» Frères d'armes ! vous n'oublierez jamais pour votre gloire que cette marque d'honneur vous a décoré la première fois le jour qui est l'anniversaire de votre général en chef le prince d'Orange ; il vous a montré le sentier de l'honneur et de la victoire aux Quatre-Bras, à Waterloo, à Hasselt et à Louvain. Il a droit avec son royal père à votre confiance, à notre amour, à notre reconnaissance.

» Néerlandais ! frères d'armes ! nous aussi, nous nous lions de nouveau en ce jour à la cause d'Orange. Combattons avec lui, et que notre cri soit : *Maintenant et toujours avec Dieu, pour le Roi et la patrie !*

» Vive le Roi !

» La Haye, 3 décembre 1832.

» Le lieutenant-général, directeur de la guerre. »

Que faisait la Belgique pendant que la Hollande répondait par des faits glorieux aux calomnies lancées contre elle par ses frères insurgés ?

La cour, comme une meute en lesse, attendait que le noble lion fût rendu pour se jeter sur ses membres palpitans. Le Sénat vouait à l'auto-da-fé Maréchal et son livre *des athées*,

7

et la Chambre des représentans votait un immense budget !

Le Roi et ses aides-de-camp, toujours sur la route de Bruxelles à Anvers, semblaient bien moins occupés des sacrifices de notre armée que du démenti formel donné par la Hollande aux détracteurs si richement dotés par la liste civile. Des infâmes courtisans de bivouacs préparaient à Léopold une marche dans nos tranchées, quand le feu de la place était presque éteint, et faisaient passer sous les yeux de ce prince un brave sapeur qui, venant d'avoir deux membres emportés, semblait insensible à ces graves blessures.

« Vous êtes blessé bien grièvement, mon brave, lui dit Léopold.

— Oui, mon général, répondit le sapeur Aceuil, mais c'est à mon poste, pour ma patrie, et au milieu de mes camarades ! » et d'une voix forte, il s'écria : « Vive la France ! »

— Qu'on lui donne *cent francs*, dit le roi des barricades ! » et la première monnaie frappée à l'effigie de ce prince fut destinée à salir un brave soldat.

Ce fut aussi sur la poitrine d'Aceuil que fut placée la première croix de Léopold.

Nous citerons encore ici quelques extraits des journaux du jour.

« — Le roi Léopold a promis 100 francs de

gratification à chaque homme amputé...... Avis aux amateurs.

» — Le roi des Belges vient de donner sa première croix à un sapeur français...... La nationalité avant tout.

» — Le roi Léopold a condamné un sapeur, privé d'un bras et d'une jambe, à porter sa croix...... Le pauvre homme !

» — La croix reprend son premier caractère. Elle fut d'abord un supplice infamant, puis elle fut sanctifiée par le Fils de l'homme. Le roi Léopold a-t-il pensé qu'il fût en son pouvoir d'en faire autant pour la sienne ?

» — On dit que la croix Léopold va être mise à l'exposition sur la poitrine de M. Lebeau.

» — Ceux qui la recevront à l'avenir ne l'appelleront plus la croix Léopold, mais la croix du Sapeur.

» — L'ordre de l'Ognon, resté depuis si long-temps en chrysalide, vient enfin de percer sa coque et de voler sur la poitrine d'un brave étranger, qui avait sans doute mieux mérité que cela. Au demeurant, il peut le refuser ; mais s'il l'accepte, c'est probablement parce qu'on ne l'a point vu jusqu'à présent à la boutonnière de nos faiseurs.

» — Le soldat sapeur qui s'est fait rompre bras et jambes à la sape de Saint-Laurent, a reçu des mains du roi Léopold la croix de son ordre. Voilà jusqu'à présent le brave le plus malheureux de l'armée française. »

La garnison de la citadelle et l'armée française vivaient dans une atmosphère (dans un milieu), où ne vécurent probablement jamais de lâches folliculaires belges de tous les partis; car le sang versé de part et d'autre devait commander le silence pendant l'action et réserver le blâme et la louange pour le moment de la victoire. Il y avait assez de gloire dans les deux camps ennemis pour ennoblir les acteurs d'une infâme politique! et quand deux généraux rejetaient, par humanité, une ville en dehors du champ de bataille, des Belges de toutes les couleurs auraient dû respecter et plaindre également les soldats des deux partis commandés par de tels chefs..... L'histoire dira comment la Belgique a rempli ce devoir.

Voilà les plates injures que débitait la presse :

« — La Belgique, sans gouvernement, sans Chambres, sans ministres, ne sachant à qui obéir, nous représente assez fidèlement le royaume de Tohu-Bohu, dont le roi Engoulevent avait abandonné le gouvernement, pour assister à la bataille des *Pies-borgnes* contre les *Coquecigrues de l'île de Satin.*

» Il ne nous reste plus qu'à solliciter de la bonté de la conférence un gouvernement complet, qui puisse comprendre les plaintes de la nation, qui ne l'abandonne pas au jour de l'épreuve, et ne s'imagine pas avoir fait beaucoup pour elle quand il a appelé les étrangers pour étayer un trône qu'il ne sait ni faire respecter, ni défendre!

» — La Belgique a perdu son gouvernement; il y a long-temps que le gouvernement a perdu la Belgique.

» — Il a été perdu entre Bruxelles et Anvers un gouvernement en fort mauvais état, quoique tout neuf, qu'on reconnaîtra aux signes suivans:

» Taille du nain du roi Stanislas. Cheveux sortant des ateliers de M. Guffroi. Front d'airain. Yeux de taupe. Nez alongé. Bouche immense. Barbe, néant. Moustaches rasées. Mâchoire d'âne. Visage *à claques*. Teint multicolore.

» Signes particuliers : habits à la *française et doigts crochus.*

» On promet une honnête récompense à qui le rapportera au Palais de la Nation. »

Il était dit que la nation belge étalerait devant nous, après son cortége d'infamie, la stupidité monacale du moyen-âge. Les articles ci-après prouveront encore le degré d'abrutissement d'un peuple dont les chefs, au XIXe siècle, renouvelaient les actes de la chambre ardente.

Le Sénat censeur.

« La séance d'hier du Sénat belge a présenté

un singulier et très-significatif incident. A l'ouverture de la séance, M. le président a annoncé l'hommage fait à la Chambre, par M. de Germond, d'une nouvelle édition du *Dictionnaire des Athées, par Silvain Maréchal.* Ce noble sénateur (1), qui connaît mieux les poètes français où il pille ses hémistiches, que les ouvrages philosophiques modernes, avait déjà décidé que celui de M. S. Maréchal serait déposé à la bibliothèque, et le démon allait être installé sur les rayons de notre pieux Sénat; mais des pères conscrits, tels que nous en avons, sentent leur Satan d'une demi-lieue à la ronde, sous quelque forme qu'il se dissimule.

» M. Deman le premier flaira Lucifer, sonna l'alarme et signala le scandale. « Il faut, dit-il, renvoyer le livre impie à son auteur.

» — Oui, sans doute, il faut faire un exemple, ajoute M. de Sécus, afin qu'on ne nous adresse plus des livres irréligieux.

» — Quoi! s'écrie M. de Quarré, tout bouffi d'indignation et se frappant avec courroux la bedaine, renvoyer un tel livre! c'est une mesure de mollesse et de tiédeur que je réprouve; c'est au feu qu'il faut condamner cet ouvrage abominable, et je serai volontiers l'exécuteur de cet arrêt d'expiation. »

(1) M. de Stassart, ancien préfet de l'Empire.

» L'horreur se communiqua bientôt de proche en proche tout autour du tapis vert ; M. de Stassart, qui, sans le savoir, avait voulu empoisonner le premier corps de l'Etat, ne parla plus de garder le livre, et fut, selon sa coutume, de l'avis de tout le monde.

» Le Sénat mit aux voix cette affaire importante,

Et décida que le *Dictionnaire des Athées* serait renvoyé à l'éditeur.

» Ainsi voilà notre Sénat qui s'érige en congrégation de *l'index*, qui décide du plus ou moins d'orthodoxie des ouvrages, qui, devenu, au nom du clergé, inquisiteur pour la foi, proscrit les opinions et les livres, en attendant probablement que, par des lois de sacrilége ou d'autres analogues, il puisse proscrire les hommes qui professent ces opinions ou écrivent ces livres. »

Cette décision du Sénat fera époque dans la révolution belge ; elle est caractéristique de l'événement, des hommes et de l'époque ; c'est l'épitome patent des destinées futures de la Belgique. Il s'adresse aux gouvernemens libéraux de l'Europe, au cabinet de Louis-Philippe et surtout au peuple français, qui accourt verser son sang au profit de la propagande apostolique et pour consolider le système des *auto-da-fé* religieux. Que l'Europe apprenne qu'au XIXe siècle le Sénat belge, s'érigeant en cour de censure, a mis plus de soins, de temps et d'importance à anathématiser un livre, qu'à voter dans la même séance à charge du peuple dont il se dit le mandataire, des impôts anticipatifs, accablans et ruineux.

C'était pour ce peuple, abruti par les momeries religieuses, que nous venions verser notre sang ; et rien de risible comme la polémique engagée entre certains congréganistes qui reprochaient aux chefs de la *Camarilla mérodienne* de n'avoir point ordonné des prières, comme l'avait fait la Hollande, pour le succès de la sainte cause. Voilà ce que répondait M. de Mérode (1) dans son journal de *l'Union* :

« Quelques personnes ayant témoigné des regrets de ce que des prières publiques n'étaient pas ordonnées dans le moment actuel, tandis qu'il vient d'en être ordonné en Hollande, on a pris à Malines des informations à ce sujet. Voici la réponse obtenue hier :

« Depuis long-temps de semblables prières » ont lieu dans tous les diocèses ; il est impossi-» ble de les changer pour chaque événement

______

(1) Nous avons cru devoir appuyer cet écrit d'une série de documens officiels, afin d'empêcher tout espèce de réfutation. Nous avons donc glané, et ce sont des faits matériels que nous exposons au jugement du public. Les hommes que nous citons sont les représentans des doctrines que notre armée a été consolider.　　(*Note de l'auteur.*)

» particulier qu'amènent nos affaires politiques.
» Outre les prières qui se disent tous les jours à
» la messe et au salut pour tous les besoins du
» pays, on récite tous les jours le rosaire dans
» les églises des villes, et les dimanches, au
» moins, dans la plupart des églises des campa-
» gnes; on chante des messes, on fait des neu-
» vaines, surtout à Anvers; en un mot, depuis
» deux ans, on prie partout et avec une admi-
» rable persévérance pour la bonne issue de nos
» affaires, de manière que ce que l'on vient de
» faire en Hollande est bien peu de chose en
» comparaison des prières qui se font chez nous.
» L'on prie même avec tant de ferveur, que j'ai
» la plus ferme confiance que Dieu ne nous
» abandonnera pas, mais qu'il continuera à
» nous protéger, comme il l'a fait jusqu'ici d'une
» manière si visible. »

» Comte F. de Mérode. »

Pendant que la Hollande, comme un seul homm-
me, luttait avec un admirable ensemble contre
les forces réunies de la France et de l'Angleterre,
le gouvernement belge, livré à l'anarchie, ré-
clamait des mesures vigoureuses pour maintenir
ses populations sous le joug : Léopold plaçait
les Flandres sous le pouvoir illimité du général
Niellon par l'arrêté ci-après :

« Léopold, etc.
» Attendu que les troupes stationnées dans

les deux Flandres, et qui forment la division sous les ordres du général Niellon, font partie des troupes en campagne;

» Vu l'art. 261 du Code de procédure pour l'armée de terre;

» Sur la proposition de notre ministre directeur de la guerre,

» Nous avons arrêté et arrêtons :

» Art. 1er. Un conseil de guerre permanent en campagne sera établi près la division des Flandres.

» Art. 2. Le général de brigade Niellon est chargé de la formation de ce conseil de guerre, en se conformant aux dispositions des art. 262 et 263 du Code de procédure pour l'armée de terre, et l'obligation imposée par l'article 276 dudit Code lui est déférée.

» Art. 3. Notre ministre directeur de la guerre est chargé de l'exécution du présent arrêté.

» Léopold.

» Par le Roi :

» Le ministre directeur de la guerre.

» Baron Évain. »

Ce fut encore pour jeter de l'odieux sur les intentions du général Chassé, que l'arrêté du 26 novembre, qui avait frappé de terreur la malheureuse ville d'Anvers, fut imprimé de nouveau. Cet arrêté, qui n'était que le corrolaire de celui du général Buzen, donnait à l'inquisition établie par ce gouverneur à Anvers une apparence de légitimité; il rappelait aux malheureux habitans, qui avaient eu le courage de rester dans la place, que l'épée de Damoclès était suspendue sur leur tête.

ARRÊTÉ DU ROI.

« Léopold, Roi des Belges,

» A tous présens et à venir, salut.

» Considérant que, malgré les précautions prises pour faire respecter la neutralité de la ville d'Anvers, il est prudent de prévoir le cas où l'ennemi ferait, de nouveau, peser les maux de la guerre sur la population;

» Considérant que, dans cette prévision, de nombreux élémens de secours contre incendie ont déjà été rassemblés à Anvers;

»Voulant assurer l'action prompte et efficace de ces secours et récompenser le zèle, le courage et le dévoûment que les bons citoyens pourront déployer dans cette occasion;

» Nous avons arrêté et arrêtons:

» Art. 1er. Dans le cas où la ville d'Anvers subirait le malheur d'un nouveau bombardement, il sera frappé des médailles honorifiques pour récompenser les individus qui auront le plus puissamment contribué à empêcher l'effet du feu ou la destruction des propriétés.

» Art. 2. Ces médailles seront en or et de la valeur de cent florins, de soixante-quinze florins ou de cinquante florins, en proportion des services rendus.

» Art. 3. Nous nous réservons le droit de les décerner sur la présentation du ministre de l'intérieur, qui se fera délivrer à cet effet, par les autorités locales, les renseignemens nécessaires.

» Art. 4. Notre ministre de l'intérieur est chargé de l'exécution du présent arrêté, qui sera inséré dans le Bulletin officiel.

» Donné à Bruxelles, le 26 novembre 1832.

» Léopold.

» Par le Roi :

» Le ministre de l'intérieur :

» Ch. Rogier. »

Chaque acte du gouvernement dénotait sa faiblesse et prouvait à notre armée combien était douteuse la nationalité qu'elle était venue défendre. A la honte de la Belgique, le courage de son armée, son instruction, sa discipline ou sa compétence étaient rendus hypothétiques par l'appel de Léopold à l'armée française ! Il était dit encore, à la honte de la royauté nouvelle, que les populations ne seraient fidèles qu'autant que l'armée, transformée en gendarmes, en juges et en bourreaux, sous la prévôté d'un général français (1), contiendrait les Belges sous le joug par la peur du supplice.

Afin de rendre l'anomalie de ses actes encore plus frappante, le gouvernement faisait prôner l'installation des membres de l'ordre judiciaire; et la même feuille périodique qui donnait à Gand l'ordre du jour par lequel le général Niellon faisait de chaque soldat de son armée un agent de police, le *Moniteur* présentait les discours d'une nouvelle magistrature qu'on aurait pu croire la plus indépendante de l'Europe.

ORDRE DU JOUR.

« Il est parvenu à la connaissance du général commandant la 6e division, que des individus, à la solde du roi de Hollande, répandent et colportent de fausses nouvelles tendant à décourager l'armée. Le général rappelle aux troupes qui se trouvent sous ses ordres qu'il est du devoir de tout militaire de faire arrêter ceux qui se rendraient coupables d'un crime de cette nature.

(1) Niellon. Ce général est connu à Paris par le jugement *contumax* qu'il est venu purger il y a six mois, jugement par lequel il avait été condamné à dix ans de fers et à la flétrissure, pour crime de faux.

» En conséquence, il invite les chefs de corps à prendre strictement les mesures nécessaires pour faire traduire devant le conseil de guerre en campagne tous ceux contre lesquels il existera des préventions assez fortes pour établir ce crime, prévu par l'art. 65 du code pénal militaire.

» Le général saisit cette occasion pour annoncer aux soldats que la division Sébastiani a chassé la flotte hollandaise de toutes ses positions ; que jusqu'à présent son matériel n'a en rien souffert du feu de l'ennemi, et que jusqu'à la dernière affaire, qui a eu lieu le 11 du courant, elle n'avait à regretter qu'un homme tué et deux blessés.

» Le général commandant la 6e division.

» Signé NIELLON.

» Pour copie conforme :

» L'aide-de-camp du général :

» Signé EDMONT BARTELS. »

Ce fut à la suite de cette proclamation que parurent dans le Moniteur, journal officiel de la Belgique, les discours d'installation des membres de l'ordre judiciaire. M. le premier président de Gerlache s'exprimait ainsi devant la Cour de cassation.

« Quelle haute position est la vôtre, Messieurs! Chez nous toute justice n'émane point du roi, mais de la nation, mais de la constitution. L'ordre judiciaire n'est point placé, comme il l'était naguère encore, dans la dépendance d'un pouvoir qui, sous prétexte de conflit, ou à tout autre titre, soustrayait impunément les citoyens à leurs juges naturels. Quand on vous alléguera désormais quelque texte tiré de cet immense arsenal où se confondent les lois de la république, de l'empire et du régime qui vient d'expirer parmi nous, votre droit, votre devoir sera d'abord d'en examiner la constitutionnalité. Nul arrêté ou réglement n'auront de force à vos yeux, s'ils ne sont conformes à la loi. »

Amère dérision !!.... Au moment où se prononçait le discours du premier président, six personnes honorables étaient enlevées de leur domicile (1), distraites de leurs juges naturels (sans qu'aucun conflit n'ait été élevé depuis), étaient chargées de fers et jetées dans les cachots de la citadelle, en attendant la formation du conseil de guerre qui doit proncer sur un délit de presse dont ces personnes sont accusées.

Traîtres ou inhabiles ministres qui croyaient jouer une comédie, que le bruit et la fumée du

(1) MM. Fromont, Couvreur de Maldeghem, Michel de Bairlemont, et plusieurs avocats de la ville de Gand.

canon nous empêchait de voir ou d'entendre !...
quand chacun de leurs actes politiques, censurés
par le soldat, l'éclairait, et préparait à la France
les lumières étouffées par une diplomatie machiavélique.

Il n'est point maintenant dans l'armée française d'homme qui ne connaisse la question
belge mieux que les Soult (1), les Thiers et les
Guizot. Demandez au soldat français combien
pèse l'amour du peuple belge pour Léopold :
Néant, vous répondra-t-il. Si les Hollandais sont
des lâches, comme le disaient les Belges......
demandez cela aux soldats de Gérard, et vous
recevrez, du brutal militaire, une bourrade de
crosse de fusil dans la poitrine, et le mieux
élevé vous montrera de profondes cicatrices reçues en combattant corps à corps avec les Hollandais. Demandez à nos artilleurs si les Hollandais sont adroits ; et ils vous montreront
leurs vieilles pièces caressées en tous sens par
les boulets ennemis. Demandez aux officiers
d'artillerie si les officiers payaient de leur personne : Ils étaient à découvert comme nous,
vous répondront-ils, pour régulariser le tir de
leurs soldats. Demandez-leur si les Belges sont
braves ; ils vous parleront d'Hasselt et de Lou-

(1) Bah ! disait le maréchal Soult, les Hollandais n'oseront se battre !...

vain ; humains, ils vous diront le massacre des prisonniers ; hospitaliers, ils vous parleront de la misère de la campagne qu'ils viennent de faire. Demandez aux hommes de tous les partis en quel état était la citadelle lorsqu'on nous l'a rendue.....; au maréchal Gérard si la défense a été poussée assez loin.... : il vous répondra qu'il aurait capitulé quatre jours plus tôt, car la citadelle était en ruines.

Qu'un autre peigne ce siége mémorable ; qu'il attache à son nom comme une gloire la description du plus beau fait d'armes des temps modernes ; que David, sortant du tombeau, vienne saisir, non loin du lieu de son exil, cette pose courageuse qu'animaient tous les sentimens qui honorent la civilisation, pour la transmettre à la postérité la plus reculée..... Mais que des lâches fuient l'approche de nos ouvrages, car leur âme de boue dirait peut-être que nous sommes en fureur. Non, non..... la colère n'est pour rien dans les efforts du soldat français ! il ne veut pas laisser échapper cette gloire qui lui apparaît sur ce fossé tenant une couronne : il la veut obtenir, et c'est pour embellir les pages de son histoire militaire, qu'instrument forcé d'une infâme diplomatie, il jette sur ses actes des âmes, des âmes et encore des âmes qu'animait le plus pur patriotisme. Ces lauriers seront sa capture, quand vainqueur et essuyant ses armes sanglantes, il se présentera aux barrières de la France pour dire à ses frères : « Voilà qui valait mieux que la destruction du monument de Waterloo..... Varrus est vengé !!! »

La ville d'Anvers, après le terroriste arrêté de Buzen et les arrêtés royaux, qui, semblables à l'officieux qui se penche sur le lit du moribond pour le préparer à mourir, avaient jeté la consternation dans cette malheureuse cité, et en avaient fait déserter les habitans, la ville d'Anvers consignera dans ses archives les consolantes paroles d'intercession du maréchal Gérard et le témoignage de la sécurité que le noble caractère de Chassé aurait dû lui laisser goûter malgré les calomnies des révolutionnaires belges. Elle inscrira encore, pour compléter le tableau de cette période désastreuse, les détails de cette fête scandaleuse que les pièces ci-après furent destinées à flétrir.

« Anvers, 8 décembre.

» Je livre à vos réflexions, Monsieur, la conduite des malheureuses et ridicules nullités qui insultaient hier à la misère du peuple par une fête donnée dans un moment où notre armée est marquée au stigmate de la honte, dans un moment où les deux tiers des habitans de cette ville expirent de froid, de misère, et où l'autre partie est errante dans les environs de la ville.

» Hier, à 7 heures du soir, grande fête au palais du Roi, musique, chants *nationaux* et des airs *patriotiques* ; l'orchestre était dirigé par MM. le général d'Hane et le marquis de Chasteler, qui étaient placés, ainsi que tout ce qui composait la suite du roi, de manière à n'être incommodés, pendant le siége, que de la fumée des plats. Honte à ces malheureux, qui se réjouissent moins du succès espéré de leurs alliés, que des pertes qu'il peut faire pour leur propre cause !

» M. d'Hane a beaucoup blâmé la direction des travaux du siége. MM. les généraux Haxo et Neigre ont demandé avec instance au roi des Belges que M. le général d'Hane leur fût adjoint.

» Je vous prie, Monsieur, d'insérer dans votre journal la pièce ci-après, et d'agréer, etc.

» *Un de vos abonnés.* »

LA TRANCHÉE ET LE FESTIN.

> Il est doux de contempler de la côte
> un navire battu par les vents.
> (*Lucrèce.*)

« Ils n'ont pas rougi, les misérables, d'entonner des chants de fête, alors qu'il fallait un chant de douleur et de mort !

» Ils ont oublié les angoisses des blessés et le cri des mourans, au milieu du délire de leur dégoûtante orgie !

» Soldats saltimbanques, ils ont craint pour leurs étincelans uniformes les déchirures des balles et des boulets ennemis..... Ne tremblez pas de ces taches que vous croyez être le sang jailli d'une noble poitrine : c'est le résidu des hoquets vineux de leur ignoble festin.

» Ils n'ont pas rougi, les infâmes, de demander des refrains de gloire et d'honneur, alors qu'ils auraient dû avoir des pleurs d'indignation et de rage, pour le vil rôle auquel on les condamne.

» Il faut à leur courage les feux du champagne et les fascinations des odes guerrières; il faut à leur égoïsme cynique et effronté des chants de dévoûment..... Honte! honte éternelle sur vous, hommes sans âme et sans pudeur, qui demandez les fleurs et les joies du festin, alors que les cendres de l'humiliation devraient seules couvrir vos têtes!

» Mais l'étranger n'arrose-t-il pas de son sang la tranchée d'Anvers? L'étranger n'est-il pas là pour les protéger de son glaive? N'a-t-il pas mis une ligne de ses canons entre leur banquet et le fer ennemi?

» Et lorsqu'une armée nationale frémit d'indignation de voir enchaîner sa valeur par les phrases de la diplomatie; lorsque nos soldats envient le sort des étrangers qui leur enlèvent une si belle moisson de gloire; lorsqu'ils brûlent de prouver à l'Europe, que dans les champs d'Hasselt et de Louvain ils furent trahis et malheureux, et non pas lâches et indisciplinés; c'est dans un tel moment que des généraux, insultant à une douleur qu'il ne leur est pas donné de comprendre, se tordent dans les convulsions de l'ivresse et couvrent le noble fracas des combats par les abjectes clameurs de l'orgie !

» Et tandis que, déchiré par la dent aiguë du besoin, le malheureux habitant des campagnes erre loin de sa chaumière dévastée, ils dévorent dans leurs scandaleuses fêtes les sueurs de l'artisan et du laboureur !

» Tandis que chaque coup de canon hollandais devrait retentir douloureusement dans leur âme; tandis qu'ils devraient regarder comme une flétrissure la part qui leur est assignée dans ce drame, dont ils ne sont que les comparses muets; tandis que le sang des braves coule, eux se gorgent de vin, se saturent de truffes ! Et si un des leurs succombe, c'est sous les nausées du madère et du chambertin !

» Gloire à ces épicuriens, dont Berchoux eût été l'Homère ! Ils ont laissé bien loin d'eux les traditions voluptueuses de Capoue et les fêtes impériales de Néron ! Il est doux de vider les coupes parfumées, alors que la destruction et la mort se promènent autour de la salle du banquet !

» Assis au faîte du Capitole, couronné de fleurs,

vêtu de la pourpre de Tyr aux émanations em-
baumées, entouré d'esclaves aux longues pau-
pières, au séduisant sourire, Néron se délectait
dans l'incendie de Rome, et s'écriait :

» Esclaves, apportez du nectar et des roses;
» Le parfum des roses est doux!

» Honneur donc, honneur à MM. d'Hane,
d'Aerschot, et aux autres convives du noble festin d'Anvers !... ils ont prouvé qu'ils étaient les
dignes aides-de-camp d'un chef qui, en fait de
batteries, ne connaît que celle de sa cuisine ! »

Ainsi c'était par des fêtes somptueuses que
Léopold, entouré de sycophantes, célébrait les
funérailles de nos braves!..... Revenus de leur
ivresse, assaillis par les cris d'indignation de
tout ce qui portait un cœur d'homme ; craignant
l'effet qu'une pièce semblable pouvait produire
sur l'esprit de nos troupes, les aides-de-camp du
Roi essayèrent en vain de pallier dans des articles de journaux ce qu'avait eu de scandaleux
la conduite de leur maître. Mais la presse de
toutes les couleurs avait inscrit leur infamie en
caractères indélébiles! Alors les D'HANE DE STE-
NUYSE, les CHASTELER, les D'AERSCHOT et les
PRISSE se présentèrent au bureau du journal
pour exiger avec menace de mort (1) la décla-

(1) Le marquis de Chasteler rencontrant M. Raoul le lendemain de cette scène scandaleuse, lui dit : « S'il vous ar-

ration qu'on n'avait point *dansé à cette fête*. La pièce suivante parut le lendemain et fut envoyée signée de la main de son auteur à la maison du Roi, et remise à Léopold lui-même.

COMMENT ON ENTEND LA LIBERTÉ DE LA PRESSE EN BELGIQUE.

Adressé à la maison de LÉOPOLD.

Lorsqu'une révolution est devenue un fardeau accablant pour un peuple; qu'elle n'a plus de partisans avoués que ceux qui entourent le trône; que l'infamie semble attachée à la possession des emplois publics; que l'honnête homme fuit l'héritage ministériel pour échapper à la solidarité de la ruine de sa patrie; que l'œil du peuple, baissé comme celui de l'esclave, ne rencontre que des maîtres étrangers; que tous ces maux sont l'ouvrage de quelques hommes, sans autre talent que celui de l'intrigue, et qu'enfin les tribunaux abandonnent le chef de l'Etat et ses complices au fouet de la presse quotidienne, des sicaires *armés d'épées et de bâtons* doivent sans doute assiéger les ateliers typographiques pour frapper l'homme qui ose enregistrer la pensée nationale.

Ici, ce ne sont plus les agens ordinaires de la

rive, Monsieur, d'inscrire dans votre journal quelque chose d'offensant contre la maison du Roi mon maître, *je vous tue comme à un chien*, partout où je vous rencontrerai. »

(*Historique.*)

force publique qui viennent signifier ses arrêts... Un procureur du roi refuse ses gendarmes ; le peuple refuse ses pavés ; les assassins des *Gaillard* et des *Vortemans* refusent leurs poignards homicides...... Alors les brillans aides-de-camp d'un ROI RÉVOLUTIONNAIRE viennent menacer de leur lâche courroux l'écrivain à qui leur maître a arraché le fruit de quinze années de travaux.... alors aussi l'homme courageux s'éveille, et en l'absence des lois, il traduit devant l'Europe éclairée ceux qui veulent substituer à leur action, pour couvrir leur turpitude, la force brutale du sabre.

Un gouvernement qui, dès son origine, afficha un cynique mépris de toutes les convenances sociales ; une cour qui resta muette quand nous signalâmes à l'Europe *ses grands dignitaires dansant comme des Cannibales autour du cadavre encore chaud de l'ambassadeur des Français....* (1) ; des hommes insensibles en présence

(1) Les services rendus à la Belgique par le comte Augustin BELLIARD, lieutenant-général, pair de France, ambassadeur à Bruxelles, sont connus. Au mois de février dernier, le comte Belliard venait de travailler dans le cabinet du roi Léopold ; il était deux heures de l'après-midi ; il sortit du palais gravement indisposé. Contraint, par la marche rapide de son indisposition, de s'arrêter dans le parc, il fut trouvé agonisant sur un des bancs vis-à-vis la demeure royale. Il mourut deux heures après....... A huit heures, le même jour, l'on dansait au palais du roi Léopold !   (DE R......)

du coup qui venait de frapper l'excéllent comte
BELLIARD ! se plaignent aujourd'hui de ce que
nous dénonçons à l'opinion publique et leur
froide indifférence pour les maux des Français,
et leurs parades fastueuses, leurs somptueux
festins dans une cité livrée *par eux et pour eux*
à la misère et à la désolation!!!.....

Mais n'êtes-vous plus les valets de celui qui
célébra par un bal la mort de votre bienfaiteur ?...Craignez-vous que cette armée française
qui vous méprise, qui donne du sang pour votre
cause, mais dont le moindre soldat réfuserait
de presser votre main !.... craignez-vous qu'un
article de journal ne la fasse vous abandonner,
quand votre ignorante parèsse *livre impunément*
les blessés de cette brave armée aux coups
meurtriers d'un climat rigoureux et à ceux de
nécessités que supporterait avec peine la plus
robuste santé ?.... Non; fidèle à son drapeau,
obéissante à ses chefs, elle comblera de ses
régimens les fossés qui la séparent de votre ennemi......; elle ira jusqu'au cœur de la place
gagner vos épaulettes....., vous racheter de la
corde......; elle mourra s'il le faut..... et ses efforts seront oubliés par vous comme ceux des
hommes de septembre dont vous dévorez les
dépouilles.

L'armée française vous dispense de vos lâches fanfaronnades ; car c'est encore envers un

FRANÇAIS, de ceux dont elle s'honore, que vous avez aujourd'hui essayé votre brutal pouvoir.

Le roi GUILLAUME appela en Belgique, pour vous laver de la crasse monacale, pour vous civiliser, des savans de toutes les contrées de l'Europe. Un de ces savans, M. Raoul, occupa pendant quinze années une chaire dans vos universités. Une légère pension lui fut accordée par le gouvernement provisoire..... Vous venez de lui voler le fruit de ses veilles...... et cependant, ingrats, je vois parmi vous des hommes, *le secrétaire de Léopold, des gouverneurs de provinces*, émancipés par le professeur Raoul de la stupide ignorance dans laquelle la nature les avait enveloppés (1).

Dirigeant un journal, dont les doctrines savamment tracées font présumer à l'Europe que

---

(1) M. VAN PRAT, secrétaire des commandemens de Léopold; M. TIELMANS, gouverneur de la province de Liége. Ce dernier, qui, né d'un boulanger très-pauvre de Bruxelles, élevé aux frais du roi Guillaume, compléta son instruction en visitant les principaux Etats de l'Europe, toujours aux frais du roi des Pays-Bas, avait été nommé par ce prince maître des requêtes, conspirait contre son bienfaiteur plusieurs années avant la révolution de septembre. Le roi Léopold vient de lui retirer aujourd'hui son gouvernement de Liége. Une personne à qui M. Tielmans s'en plaignait, il y a quelques jours, lui répondit : « Que voulez-vous, mon ami! vous savez maintenant ce que c'est que *l'ingratitude!!!* »

vous êtes dignes de comprendre une haute polémique, M. Raoul aurait dû être l'objet de vos
respects .....: vous venez le menacer..... le con-
traindre à rétracter un article dont vous connaissez l'auteur.... Que ne le traduisez-vous
devant les tribunaux, s'il vous a calomniés ?....
Mais vous calomnier! la chose est-elle possible?

Il a dit qu'une fête avait été donnée par vous
à Anvers..... Mais n'avez-vous point fait vos
joies de toutes les calamités publiques ?.....
N'avez-vous point composé votre héritage des
maux de la patrie?..... N'avez-vous point enré-
gimenté les générations futures sous un drapeau
où sera inscrit :

*Le premier acte de la royauté belge fut la
honteuse fuite de Louvain, dont notre lâcheté
donna le signal!*

*Le second acte, l'abandon de nos complices du
Limbourg et du Luxembourg!*

*Et le troisième enfin (la tache éternelle!):
nous appelâmes pour avilir notre armée de
130,000 hommes, pour la ravaler jusqu'à nous,
60,000 Français pour combattre une brigade
d'infanterie* HOLLANDAISE *enfermée dans une
place d'armes!*

Voilà vos titres au respect public!.....

Et vous qui faites injurier chaque jour par la
presse à vos gages tout ce qu'il y a d'honorable
en Europe, vous voudriez être ménagés!!...

Quand de malheureuses familles fuyaient l'infortunée cité d'Anvers, avez-vous ouvert des souscriptions pour calmer leur détresse? Vos chars insolens ont-ils servi à porter le paralytique? Avez-vous compris le sacrifice qu'imposait à son cœur paternel le général français, en décidant que la citadelle serait attaquée par la campagne, quand l'attaque par la ville pouvait épargner le sang de nos frères?... Quand la nation française vous a donné des hommes pour racheter des murailles, qu'avez-vous fait pour reconnaître ce dévoûment? Vos populations ont-elles porté à ces auxiliaires généreux le superflu de vos tables? Des lits ont-ils été préparés pour recevoir nos blessés?.... *La terre ramollie par leur sang leur a servi de couche..... quelques branches d'arbres, de combustibles!....* et parce que vous n'avez point dansé comme à la mort du général BELLIARD, vous criez à la calomnie!....

Fuyez... fuyez le théâtre de la guerre!.... laissez... laissez deux nobles peuples se disputer et ensevelir leurs braves sous un amas de ruines. Laissez deux généraux dont vous êtes indignes de comprendre les desseins, protéger une ville, qui, en traçant dans ses annales les détails de ce siége mémorable, formulera l'arrêt d'infamie que prononcera sur vous l'inexorable histoire!!...

Allez à l'arrière-garde de l'armée française....
Allez apprendre les égards que l'on doit à des
vaincus. Allez, vous, *insolens pour le faible....
rampans pour le fort....* Allez voir le Français
consolant l'ennemi que vous lui avez fait, par-
tageant avec lui sa chétive pitance ; le relever
après l'avoir vaincu. Allez encore *prendre leçon
de ces prisonniers* vos anciens frères d'armes, qui,
plus heureux que vous, peuvent écrire à une
mère :

TOUT EST PERDU FORS L'HONNEUR !!....

DE RICHEMONT.

La forfanterie du marquis DE CHASTELER fut
sans effet. Ce n'était plus à un vieillard qu'il
aurait eu affaire ; il savait bien que les tribunaux ne pouvaient punir que la calomnie, et
que rien de ce qui précède ne pouvait motiver
un réquisitoire.

Détournons nos regards de ces scènes dégoûtantes, reportons-les sur la Hollande, et examinons les actes de ce peuple, qui, quoique
abandonné à ses propres forces, soutenait cette
lutte inégale avec tant d'énergie.

Voyons d'abord quelles étaient les forces res-
pectives des trois armées qui s'agitaient sur le
sol disloqué du royaume des Pays-Bas.

QUELQUES RENSEIGNEMENS

Sur les armées française, belge et hollandaise.

L'armée française actuellement en Belgique se compose d'une brigade d'avant-garde, de cinq divisions d'infanterie dont une de réserve, de deux brigades de cavalerie légère, et de deux divisions de cavalerie de réserve. Voici comment ces différens corps sont composés :

« *Avant-garde.* Duc d'Orléans, 3 bataillons d'infanterie légère, 4 escadrons de lanciers, 4 escadrons de hussards.

» *Première division.* Général Sébastiani, 3 bataillons d'infanterie légère, 9 bataillons de ligne.

» *Deuxième division.* Général Achard, 3 bataillons d'infanterie légère, 9 bataillons de ligne.

» *Troisième division.* Général Jamin, 3 bataillons d'infanterie légère, 9 bataillons de ligne.

» *Quatrième division.* Général Favre, 12 bataillons de ligne.

» *Cinquième division.* (Réserve.) Général Schramm, 3 bataillons d'infanteric légère, 7 bataillons de ligne.

» *Deux brigades* de cavaleric légère. Généraux Lavœstine et Simonneau, 12 escadrons de chasseurs, 4 escadrons de hussards.

» *Division du général Dejean*, 4 escadrons de hussards, 4 escadrons de chasseurs, 8 escadrons de dragons.

» *Division du général Gentil-Saint-Alphonse*, 16 escadrons de cuirassiers. »

Ainsi l'armée du Nord se compose de 61 bataillons et de 56 escadrons.

Voici maintenant le tableau de l'armée d'observation belge :

« *Première division*. Général Hurel, 3 bataillons d'infanterie légère, 12 bataillons de ligne : 15 bataillons.

» *Deuxième division*. Général Duvivier, 3 bataillons d'infanterie légère, 12 bataillons de ligne : 15 bataillons.

» *Troisième division*. Général Goethals, 3 bataillons d'infanterie légère, 8 bataillons de ligne, 4 bataillons de garde civique : 15 bataillons.

» *Quatrième division*. Général Daine, 12 bataillons de ligne, 6 bataillons de garde civique : 18 bataillons.

» *Cavalerie*. 12 escadrons de chasseurs, 12 escadrons de lanciers, 4 escadrons d'éclaireurs, 4 escadrons de guides, 3 escadrons de gendarmes, 9 escadrons de cuirassiers. »

Ainsi l'armée d'observation belge se compose de 63 bataillons et de 44 escadrons.

Voici aussi la composition de l'armée active hollandaise :

« *Première division*. Général Van Geen, 7 bataillons de ligne, 5 bataillons de schuttery : 12 bataillons.

» *Deuxième division*. Général Saxe-Weimar, 8 bataillons de ligne, 3 bataillons de schuttery : 11 bataillons.

» *Troisième division*. Général Meyer, 5 bataillons de ligne, 6 bataillons de schuttery : 11 bataillons.

» *Quatrième division*. Général Cort-Heyliger, 2 bataillons de ligne, 12 bataillons de schuttery : 15 bataillons.

» *Cavalerie*. Général Trip, 8 escadrons de cuirassiers, 9 escadrons de dragons légers, 4 escadrons de hussards, 5 escadrons de lanciers. »

Ainsi l'armée active hollandaise se compose de 48 bataillons et de 25 escadrons.

Les fonctions de chef d'état-major sont remplies dans l'armée hollandaise par le général Constant de Rebecque.

La garde communale hollandaise se compose de 24 afdeelingen, fortes chacune de 2 ou 3 bataillons, dont l'effectif varie de 5 à 700 hommes. L'infanterie de ligne se compose de 38 bataillons. Les corps les plus estimés de garde communale sont ceux de la Gueldre et de la Frise ; les bataillons de cette dernière province, dit-on, perdirent, au mois d'août 1831, beaucoup de monde au combat de Sonhoven.

La cavalerie hollandaise se compose : 1° de 3 régimens de cuirassiers, commandés, le n° 1 par le lieutenant-colonel Nypels, le n° 3 par le colonel Bouwens, et le n° 9 par le lieutenant-colonel Schneitter; 2° de deux régimens de dragons légers, commandés, le n° 4 par le lieutenant-colonel Van Campen (M. de Roisin est colonel titulaire), et le n° 5 par le lieutenant-colonel Dumonceau; 3° d'un régiment de hussards, n° 6, colonel Van Balveren; 4° d'un régiment de lanciers n° 10, colonel Posson, majors Gantois, Bellefroid et de Lenne; 5° d'un escadron de gendarmerie, major Van Brummel.

L'artillerie se compose : 1° de 4 bataillons d'artillerie de siége; 2° de 4 bataillons d'artillerie de campagne; 3° d'un bataillon d'artillerie de garde communale; 4° d'un bataillon d'artilleurs volontaires; 5° d'un escadron d'artillerie légère que commandent le colonel List et le lieutenant-colonel Falter, et dont la réserve est placée sous les ordres du major Ramaer.

Il y a en Hollande 9 corps de chasseurs volontaires; ce sont : 1° les chasseurs Van Dam, commandés par M. Van Dam, membre de la deuxième Chambre, et formant un bataillon de 600 hommes; 2° les chasseurs de Leyde, capitaine Van Boecop (250 hommes); 3° les chasseurs d'Utrecht, capitaine Buchner (266 hommes); 4° les chasseurs de Groningue, commandés par le premier lieutenant Van Kesteren (130 hommes); 5° les chasseurs de la Nord-Hollande, capitaine Rookmaker (250 hommes); 6° les chasseurs royaux, capitaine Wilhelmi (200 hommes); 7° les chasseurs du Nord-Brabant (120 hommes); 8° les flanqueurs de Groningue, capitaine Vanderbruggen (150 hommes); 9° les chasseurs à cheval de Zélande, premier lieutenant Risseeuw.

Ces chasseurs, à l'exception des flanqueurs groningois qui portent des fusils de munition et font partie du corps des grenadiers de la garde, sont armés de carabines rayées. Chacun de ces corps de volontaires est attaché à une brigade de l'armée active auprès de laquelle il fait le service de tirailleurs. Il y a dans les bataillons de schuttery et dans plusieurs régimens de cavalerie, surtout dans les lanciers, un nombre assez considérable de volontaires qui se sont équipés à leurs frais. Les professeurs de mathématiques et de littérature de l'université d'Utrecht, J. Fremery et C. Verenet, servent, l'un comme sous-officier dans l'artillerie de la schuttery d'Utrecht, l'autre comme simple canonnier dans une batterie d'artillerie à cheval. M. A. Van Maanen, fils du ministre de la justice, est simple garde communal dans un bataillon de la schuttery mobilisée de La Haye, dans lequel le général Odonnel sert comme simple soldat. Au reste, tous les corps de volontaires sont commandés par des officiers détachés des régimens de ligne ; les grades de sergent-major et de caporal sont seuls occupés par les chasseurs volontaires.

Le commandement militaire du Brabant hollandais appartient au général-major George, qui commande en même temps la forteresse de Bois-le-Duc. Le gouverneur civil de cette province est Belge de naissance ; c'est M. Vandenbogaerde de Saint-Nicolas.

Voici le tableau des garnisons des principales places fortes du Brabant hollandais :

« *Berg-op-Zoom*. Commandant, le lieutenant-général Vandercappellen. Deux bataillons de la schuttery du Brabant ; deux bataillons de la schuttery d'Utrecht, colonel d'Ablaing Van Gissenburg, lieutenant-colonel Leidscher ; un bataillon schuttery de la Zuid-Hollande, major Van Kinschot ; un bataillon de dépôt du régiment n° 10, major Thion.

» *Bois-le-Duc*. Commandant, le général-major George. Trois bataillons de la schuttery de la Nord-Hollande ; un bataillon de marche, major Wageningen ; un bataillon du Brabant.

» *Bréda*. Commandant, le général-major Wildeman. Un bataillon de la schuttery de la

Zuid-Hollande, major Iman ; deux bataillons schuttery de la Gueldre, colonels Veeren et Vandenbruggen Van Crooy ; un bataillon schuttery de l'Overyssel, lieutenant-colonel Gotte ; un bataillon schuttery du Brabant, major Muller ; un bataillon de dépôt du régiment n° 2. »

Ainsi ces trois places sont occupées par seize bataillons.

Maestricht, qui a pour commandant le lieutenant-général Dibbets, et pour commandant en second le général-major Van Boecop, est occupée par six bataillons des régimens de ligne n°s 8 et 13, et par trois escadrons du régiment de cuirassiers n° 1, commandés par le lieutenant-colonel Nypels. L'artillerie a pour chef le général-major Verkouteren.

La division de l'Escaut, commandée par le général Chassé, comprend cinq bataillons complets des régimens n°s 10, 7 et 13, et des détachemens plus ou moins forts des régimens n°s 18, 12, 2 et 9, ainsi que les deux bataillons d'artillerie n°s 3 et 6.

Les forces hollandaises sur la rive gauche de l'Escaut sont placées sous le commandement du lieutenant-général Kock, et se composent de douze bataillons d'infanterie.

Le personnel de la marine hollandaise se compose de trois vice-amiraux, trois contre-amiraux, vingt-cinq capitaines, trente-six capitaines-lieutenans, soixante-quinze lieutenans de première classe, quatre-vingts lieutenans de deuxième classe, soixante-huit lieutenans de troisième classe, et d'environ six à sept mille matelots.

La marine militaire de compose de :

Huit vaisseaux de ligne, dont six sont armés de soixante-quatorze canons et deux de quatre-vingt-quatre ;

Vingt frégates, dont l'armement varie de quarante-quatre à trente-deux canons ;

Quatorze corvettes, portant chacune de vingt à vingt-huit canons ;

Seize bricks, armés de huit à dix-huit canons.

Quatre-vingts chaloupes canonnières. Chacun de ces bâtimens n'a à bord qu'une seule pièce de vingt-quatre à l'avant, deux pièces de six à l'arrière, et deux caronades sur les flancs.

Il est à remarquer que la marine militaire hollandaise ne compte pas un seul navire à trois ponts. Plusieurs frégates de soixante canons, à construire sur le modèle des grandes frégates des Etats-Unis, sont en ce moment sur les chantiers de l'État.

Il s'en faut de beaucoup que tous les navires de guerre que nous avons énumérés plus haut soient maintenant armés. Deux vaisseaux de ligne seulement ont été équipés depuis la révolution, savoir: *le Zeeuwe*, de quatre-vingt-quatre, qui stationne dans l'Escaut, et *le Waterloo*, de soixante-quatorze, stationné au Helder; chacun de ces deux navires porte près de 800 hommes d'équipage. Le nombre des chaloupes canonnières actuellement armées est assez considérable; l'effectif de leur équipage varie généralement de 25 à 30 hommes.

Le personnel de la marine hollandaise est parfaitement bien composé; la plupart des officiers supérieurs ont servi dans la marine de l'empire français sous les ordres de l'amiral hollandais Verhuel, aujourd'hui pair de France; les jeunes officiers sont en grande partie redevables de leurs progrès aux soins et aux encouragemens désintéressés de l'amiral Van Kingsbergen, dont la Hollande a eu, il y a quelques années, la perte à déplorer, et qui avait, en 1781, battu avec Zoutman la flotte anglaise au Doggers-bank.

Les trois armées présentent donc l'effectif ci-après:

Français.	61 bataillons.	56 escadrons.
Belges.	63 bataillons.	44 escadrons.
	124	100

Hollandais. 48 bataillons. 25 escadrons.

C'était appuyée sur ses digues, ses places for-

tes et la citadelle d'Anvers, que cette petite armée se préparait à défendre l'indépendance de
la vieille Néerlande ! Aussi n'était-ce point par
des vœux stériles qu'elle reconnaissait le dévoûment de ses généreux enfans. Des mains destinées à porter la couronne travaillaient à préparer
les pansemens des blessés ! et la fille des Czar
songeait sans doute à ce que serait la patrie de
ses pères si les forces de ses enfans gravitaient
harmonieusement autour d'un principe national,
comme dans sa patrie d'adoption. Les rejetons
royaux venaient s'échauffer, écouter la retentis-
sante artillerie néerlandaise sur les bords de
l'Escaut. Le prince Frédéric louvoyait sur l'escadre entre les divisions Achard et Sébastiani,
pendant que le prince d'Orange, manœuvrant
à la tête de ses soldats en avant de Tilbourg,
leur parlant de gloire, donnait assez d'inquiétude
à nos troupes pour que les princes français crus-
sent nécessaire de se porter en avant à la tête de
leurs corps, sur l'extrême frontière, pour observer leur vigilant ennemi.

Ce fut dans ces entrefaites que la proclamation suivante fut affichée à Amsterdam :

« Concitoyens, aucun endroit en Europe n'offre en ce moment plus d'intérêt que la citadelle
d'Anvers, soit par l'importance de la place, soit
par la force considérable des assiégeans, de
même que par la défense courageuse des assié-

gés. Amis et ennemis en sont frappés d'étonnement. Respect est dû au commandant à cheveux
blancs de cette forteresse, ainsi qu'à tous ceux
qui sous son commandement défendent la gloire
et l'indépendance de la Néerlande! Que Dieu
soit loué! son assistance remplit tous les cœurs
de courage; et ce respect n'est pas une vaine dé-
monstration, lorsqu'on envisage la force plus
que supérieure des ennemis, la difficulté de la
défense, et les dangers, qu'on ne peut décrire,
auxquels sont exposés nos soldats et nos marins.

» Dignes compatriotes! chacun est convaincu
qu'il est de son devoir de témoigner à ces braves, chacun d'après ses moyens, sa reconnaissance; en partant de ce sentiment, chacun doit
désirer de réunir un fonds à l'effet de donner
une preuve de la reconnaissance nationale à
ceux qui défendent la citadelle ou les forts en-
vironnans, ou qui se trouvent sur les vaisseaux
dans l'Escaut, et pour autant que les fonds re-
cueillis le permettraient, de pouvoir en disposer
en faveur des femmes et des enfans de ceux qui
périraient pour la patrie.

» Il nous est parvenu de différens côtés que
plusieurs de nos compatriotes n'attendaient que
le moment pour faire connaître ce vœu unanime sur cet objet.

» Nous avons donc été engagés à former une

commission qui se chargerait de réunir les dons pour parvenir au but qu'on se propose, en rendant hommage au courage de nos compatriotes, soit en récompensant les personnes, si Dieu les préserve du combat, ou à leurs veuves et leurs enfans, s'ils étaient tués pour cette sainte cause.

» La commission, convaincue qu'il serait agréable à tous de rendre ainsi l'hommage dû à tant de courage, prendra les mesures pour que chaque don soit reçu.

» Amsterdam, 16 décembre 1832.»

(Suivent les signatures.)

Le tabac et tous les objets nécessaires à la troupe étaient reçus en abondance par ceux qui se chargeaient de les faire parvenir à la citadelle. C'était une famille enfermée dans cette forteresse.. c'étaient les fils de la Hollande! Bonne mère, elle voulait pourvoir à tous leurs besoins, et si elle ne laissait point à des mains mercenaires le soin de défendre son existence, elle voulait aussi elle-même soulager la détresse de ses courageux enfans.

Nous aussi, nous avions des familles ! mais était-ce pour elles que nous nous battions? C'était pour la gloire ! pour cette noble chimère de tous les âges, qui ne survit à l'époque qui l'enfante dans le cœur des peuples, que lorsqu'elle assure aux générations qui succèdent le bonheur et la prospérité.

Français! nous nous battions pour les Belges!.... Gloire pour nous, sans doute! mais paix, bonheur et prospérité pour eux : telle devait être du moins la pensée de ceux qui nous appelèrent en Belgique. Nous n'aurions que des lauriers à porter à notre vieille patrie... la nouvelle nous devait des soins. L'histoire a déjà dit quelle fut notre entrée; notre séjour est connu; et si la longueur du siége paraissait insupportable à nos alliés, c'était bien moins à cause des pertes qu'il nous faisait éprouver chaque jour..., que parce qu'on avait promis à la Belgique, que, la citadelle prise, nous rentrerions immédiatement en France.

Déjà ils nous menaçaient du courroux de l'Europe, si nous voulions prolonger notre séjour. Déjà *le Times*, journal à la solde du ministère belge, traçait le *sine qua non* de l'Angleterre, et marquait l'itinéraire de notre route, en datant la première étape du jour de la reddition de la forteresse..... France! à quel degré d'humiliation es-tu descendue! Viens voir ici tes valeureux soldats!!!

Ce fut dans cette phase du siége que la lettre du duc de Dalmatie fut mise à l'ordre du jour de l'armée.

ORDRE DU JOUR.

Au quartier-général à Berchem, le 15 décembre 1832.

M. le maréchal commandant en chef s'empresse de communiquer à l'armée la lettre de M. le maréchal duc de Dalmatie, président du conseil, ministre de la guerre. Elle prouve toute la sollicitude du Roi et la prévoyance du gouvernement pour les militaires qui, sur le champ de bataille, acquittent au prix de leur sang le devoir que la patrie leur impose.

« Paris, le 13 décembre 1832.

» MONSIEUR LE MARÉCHAL,

»Les opérations de l'armée devant la citadelle d'Anvers m'ont déterminé à prescrire les dispositions nécessaires pour assurer le bien-être des militaires blessés au siége de cette forteresse.

» En conséquence, des ordres sont donnés pour que ceux qui en feront la demande soient immédiatement reçus à l'hôtel royal des Invalides, s'ils satisfont aux conditions prescrites par la loi. Ces conditions consistent dans la preuve de blessures équivalentes à la perte d'un membre.

» J'ai donc l'honneur de vous prier de faire constater la situation de ces militaires par les

officiers de santé, et de m'adresser les états no-
minatifs au fur et à mesure de ces examens.

» A l'égard des militaires qui succomberont
dans cette lutte glorieuse, je désire que l'état
qui en sera tenu indique ceux dont les familles
seraient dans le cas d'être signalées aux bienfaits du gouvernement ; l'intention du Roi est
de porter sur ces familles une généreuse bien-
veillance.

» Je vous invite à faire connaître ma lettre
à l'armée. Je m'abstiens de vous recommander
les soins à donner aux blessés ; je suis informé
que, d'après vos ordres, l'intendant en chef de
l'armée s'en occupe avec beaucoup de zèle. Je
sais aussi que M. le duc d'Orléans lui-même
leur consacre la plus touchante sollicitude.

» Ainsi la France a la garantie qu'aucun
moyen n'est négligé pour récompenser le courage de ses guerriers, comme pour veiller à la
conservations de leurs jours.

» Recevez, monsieur le maréchal, l'assurance
de ma haute considération.

» Le président du conseil, ministre
de la guerre,

» Duc de Dalmatie. »

En avant !.... en avant !.... l'hôtel royal des Invalides attend les amputés !!!...

Serait-ce dans le cas où il s'éleverait à cet égard quelques doutes dans le cœur de nos soldats, que cet ordre du jour aurait été adressé à l'armée? Depuis les amputés de la Bastille, les compagnons du brave Marceau, jusqu'à ceux du duc de Rovigo en Afrique, les Invalides n'ont-ils pas toujours reçu les soldats de la France?...... Et les gardes de Robespierre vaudraient-ils mieux que les compagnons des fils du Roi des Français? Mais où sont ces témoignages individuels d'encouragement que nous donne notre patrie? N'est-ce point comme lors de la guerre de la Péninsule, l'affaire d'Ancône, ou comme à la victoire du cloître Saint-Méry?

Pendant que les Invalides étaient froidement assurés à ceux de nos soldats qui auraient des blessures équivalentes à la perte d'un membre, voici ce que disait la Hollande :

« Non, la prise de la citadelle, si vaillamment défendue par Chassé, n'est pas une cause pour nous de désespérer ; nous en serons dédommagés par d'autres avantages ; c'est pourquoi nous voulons nous réunir autour de notre roi, doubler les sacrifices que nous avons déjà faits, et montrer qu'abandonnés de tous, nous avons seuls lutté contre l'Angleterre et la France. Nous comptons sur l'aide de Dieu, bien convaincus que celui qui met sa confiance en lui n'est jamais abandonné. »

La prise de la lunette Saint-Laurent fut annoncée à l'armée par l'ordre du jour ci-après :

ORDRE DU JOUR.

Grand quartier-général.

« Berchem, 16 décembre.

» Le mineur qui, dans la nuit du 10 au 11 décembre, avait été, à l'aide d'un radeau, attaché à l'escarpe de la lunette Saint-Laurent, continua son travail dans les nuits suivantes avec beaucoup de difficultés et de peines. Dans la journée du 13, un mineur fut presque enterré sous un éboulement; malgré les obstacles, la mine fut prête à jouer pour le 14; le capitaine de mineurs Jallots conduisit parfaitement cette opération délicate, dans laquelle les mineurs méritèrent les plus grands éloges, particulièrement le sergent Fabre.

» Le soir trois radeaux nouveaux furent lancés, et avec des fascines garnies de pierres on combla le fossé, pour faire un pont à la troupe qui devait escalader la brèche aussitôt après l'explosion de la mine. Trois compagnies d'élite du 65ᵉ furent commandées pour l'assaut et réunies près de l'emplacement où elles devaient agir. L'établissement du pont employa une grande partie de la nuit; les travailleurs montrèrent un grand zèle, encouragés par l'exemple des sergens de sapeurs Bourquette, Hébrard et Delair, qui ont eu soin d'occuper constamment l'attention de l'ennemi par un feu soutenu d'artillerie et de mousqueterie. Vers 5 heures du matin, la mine sauta et produisit une brèche praticable; mais l'explosion endommagea le pont: il fallut encore perdre une demi-heure de nuit pour le réparer. Le succès de l'opération, que dirigeait habilement le général Haxo, dépendait beaucoup de la promptitude, afin qu'en s'emparant de la lunette les troupes eussent le temps de s'y loger avant le jour, et de s'y bien établir malgré le feu de la place.

» Le lieutenant-colonel Vaillant et le garde du génie Nessier allèrent seuls avec intrépidité reconnaître la brèche, et à leur retour les troupes furent mises en mouvement.

. » La 2ᵉ compagnie de grenadiers du 65ᵉ, commandée par le lieutenant Duverger en l'absence du capitaine Guillaume, blessé le 11 dans la tranchée, et la 3ᵉ de voltigeurs, commandée par le capitaine Courant, traversèrent le pont en silence, montèrent au sommet de la brèche, et sans tirer, suivant l'ordre donné, s'élancèrent à la baïonnette sur les troupes hollandaises qui occupaient l'intérieur de la lunette: presque en même temps la compagnie de voltigeurs du capitaine Montigny, partant de la droite, se porta sur la gorge de la lunette, tandis que 25 grenadiers, conduits par le lieutenant Boulet et l'adjudant de tranchée Carle, tournaient également la lunette par la gauche pour l'escalader à la gorge et fermer la retraite à l'ennemi; l'attaque fut si prompte et si vive que les Hollandais purent à peine faire résistance; une trentaine parvinrent à se sauver; quelques-uns furent tués et blessés, et les autres, au nombre de 60, dont un officier, restèrent en notre pouvoir, ainsi qu'un obusier et deux mortiers. On s'occupa immédiatement de perfectionner le pont et d'y faire un parapet, d'établir un logement au haut de la brèche, qui a été étendu sur les deux faces de la lunette le long du talus extérieur; et pour assurer notre position, on ouvrit une communication au dehors entre la gorge de la lunette et la droite de nos cheminemens. Ces travaux furent faits avec intrépidité sous la conduite du capitaine du génie Joyaux, des adjudans de tranchée Regeaux et Des Roubies, et à l'aide des sapeurs qui, comme les mineurs, donnent partout l'exemple du courage et du dévoûment. Pendant que l'artillerie fait de grands efforts pour préparer la dernière batterie et seconder par ses feux les progrès journaliers des travaux du génie, les officiers et les troupes du génie ne cessent de donner des preuves du courage et de l'intelligence qui distinguent cette arme; le chef qui les dirige se loue du dévoûment de tous et du zèle que chacun a mis à faire plus que son devoir.

» Les capitaines Couteux, Vanchout et Mangin; le chef de bataillon Picot, le lieutenant-colonel Lafaille, ont droit à une mention particulière, que beaucoup d'autres mériteraient si on pouvait citer tout le monde.

» Dans l'infanterie le colonel Arnaud, et le chef de bataillon Borelli, dont les troupes ont enlevé la lunette, se sont joints à leurs soldats, et les ont animés et dirigés pendant l'action. Le lieutenant de grenadiers Duverger a été, en tête des grenadiers, le premier sur la brèche et dans la lunette; le capitaine Montigny a été blessé; le grenadier Fremet s'est emparé avec le chef d'escadron Richepanse de l'officier hollandais qui a remis son épée à ce dernier. Le 65ᵉ, qui a eu l'honneur du premier assaut de ce siége, compte beaucoup de braves dignes d'être cités à côté des noms qui précèdent : MM. Lachesnaye, lieutenant, Barbier et Danese, sous-lieutenans; les sous-officiers Hardi, Bastion, Goret, Berton (grièvement blessé); les caporaux Lejonne, Pialoux, Toutain, Blot, Gorjor; le grenadier Ulrick; les voltigeurs Hulté, Dichaut et de Carpentier.

» M. le maréchal se plaît à publier leurs noms dans l'ordre du jour, comme témoignage de sa satisfaction et comme un titre pour eux à l'estime de leurs camarades et de toute l'armée.

» La prise de la lunette Saint-Laurent, en appuyant la gauche de nos travaux, permet de concentrer les moyens contre le point décisif de l'attaque, et de hâter les opérations du siége. Le succès sera pour tous les soldats de l'armée un encouragement à vaincre de plus grands obstacles encore; l'occasion ne tardera pas à se présenter.

» Par M. le maréchal, commandant en chef,

» Le chef d'état-major-général :

» *Signé* St.-Cyr Nugues. »

La possession de ce fort fit faire un pas immense au siége. Cependant la place sembla puiser dans cet échec une nouvelle énergie dont nous eûmes à déplorer les conséquences. Les deux jours qui suivirent la reddition furent des plus meurtriers : cinquante hommes atteints des plus graves blessures, deux officiers de génie tués, plusieurs hors de combat.

Un jeune soldat, frappé par un éclat de bombe qui lui avait emporté une partie du ventre, prononça ces paroles en expirant : « Je regrette mon vieux père, mes camarades et mon capitaine : je meurs ! Vive la France !!!.... »

Un des soldats hollandais, pris dans la lunette Saint-Laurent, a montré le courage le plus intrépide ; il s'est soumis avec la résignation la plus admirable, et en chantant des chansons patriotiques, à l'amputation de l'articulation du bras droit avec l'épaule, et après cette douloureuse opération, sans exprimer aucune plainte, il a voulu subir immédiatement l'amputation du poignet gauche.

Pendant que nos troupes luttaient contre la place assiégée, les divisions Achard et Sébastiani opéraient sur les bords du fleuve.

L'ordre du jour suivant nous fit connaître la position de nos camarades de ces deux divisions.

Nouvelles des divisions Achard et Sébastiani.

ORDRE DU JOUR.

« La division de la rive gauche de l'Escaut, chargée de la garde des digues et de la garde du passage de l'Escaut, a plusieurs fois repoussé les attaques et les tentatives de débarquement de l'escadre hollandaise. Malgré l'intempérie de la saison et les difficultés du terrain des polders, et sous le feu de l'ennemi, l'artillerie de cette division, secondée par l'infanterie, a réparé des forts, élevé des batteries, et mis cette

rive dans un état respectable de défense ; M. le
chef d'escadron Derrios, commandant l'artillerie de la division, sous les ordres duquel les
travaux ont été exécutés, cite M. Kleits, lieutenant à la 4ᵉ batterie du 1ᵉʳ régiment, comme
s'étant fait particulièrement remarquer. La division Achard, qui observe la rive gauche de
l'Escaut et la flotte hollandaise, a obtenu de
son côté des résultats non moins heureux dans
la journée du 12. L'artillerie du fort la Croix
(Krusshans), après une forte canonnade, a forcé
l'escadre hollandaise à se retirer. Trois obus
ont pénétré dans le flanc d'une frégate, y ont
mis le feu et blessé plus de 30 hommes de l'é-
quipage. Le général Achard fait principalement
l'éloge de M. le capitaine Tibi, qui commande
la batterie du fort la Croix. La division Sébastiani a eu 4 hommes blessés et 1 tué; la division Achard, 2 canonniers tués dans la journée
du 2. M. le maréchal-commandant en chef té-
moigne aux troupes des deux divisions sa satisfaction pour leur courage et leur belle conduite.
Depuis la prise de la lunette Saint-Laurent, les
travaux du siége ont continué avec une nouvelle ardeur. Le génie, l'artillerie et l'infanterie
y ont concouru avec une gloire d'émulation.
Malgré les pertes proportionnellement plus
grandes qu'ont éprouvées les troupes du génie,
leur dévoûment ne s'est point ralenti. L'artil-

lerie ne cesse pas de donner des preuves journalières de son zèle et de sa bravoure, malgré
les obstacles apportés par le temps, la nature du
terrain et les feux de l'ennemi. Des nouveaux
travaux sont dus à M. le lieutenant-colonel
Mottin et à M. le capitaine Delaby, commandant la 13ᵉ batterie du 1ᵉʳ régiment, qui a été
parfaitement secondé par tous les officiers et les
canonniers de sa batterie. La compagnie de tirailleurs du 19ᵉ léger (composé d'hommes de
bonne volonté) mérite d'être particulièrement
citée; et elle rend d'utiles services par sa bravoure et son adresse.

» Le grenadier Shlegel, du 25ᵉ de ligne, a
droit à une mention honorable : quoique blessé
depuis plus d'une heure, il refusa de quitter le
poste dangereux qu'il occupait; la veille, il avait
perdu son frère au travail de la tranchée. Depuis le commencement du siége, MM. les généraux commandans supérieurs de la tranchée
ont rendu les témoignages les plus honorables
de la bravoure, l'activité et l'intelligence des officiers des divers états-majors qui leur ont été
attachés pendant leur service.

» Le zèle et le dévoûment soutenus dans les
pénibles fonctions de M. le major de tranchée
Morin, de MM. les capitaines Régeaux et Char-
lier, des lieutenans de Rombies et Carles, adju-

dans de tranchée, méritent également d'être portés à la connaissance de l'armée.

» Par le commandant en chef:

» St.-Cyr Nugues. »

Ainsi l'armée et la flotte hollandaise se montraient les dignes émules des soldats assiégés. Tout prouvait que l'amour de la patrie dirigeait ces soldats dans cette glorieuse campagne. Ainsi disparaissaient pour toujours ces prétendues souillures que la révolution de septembre paraissait avoir imprimées à l'armée hollandaise, déjà vengée par la fuite honteuse des Belges à Hasselt et à Louvain.

Nul doute que cette armée n'eût pris l'offensive, si des stipulations ne l'eussent contenue dans ses quartiers de Tilbourg. Tout le fait présumer, car partout où sa présence paraissait réclamée par la position politique de la Hollande, elle s'y portait avec un courage et un zèle que tout l'élan de nos troupes pouvait à peine réprimer.

Les batteries de brèche étant prêtes, une nouvelle sommation fut envoyée au général Chassé. Le maréchal le prévenait que s'il ne consentait point à rendre la citadelle, les feux de brèche allaient commencer. La réponse fut négative

comme les précédentes, et les feux furent immédiatement ouverts. La citadelle y répondit
avec vigueur.

Les sollicitations du roi Léopold vainquirent
la résistance de notre artillerie. Les chefs déci-
dèrent qu'on allait faire usage du *mortier-monstre* dit *Léopold* (1).

Cette pièce, qui, selon les hommes spéciaux,
ramènerait l'art à son enfance, à cause du temps
que l'on emploie à régulariser le tir, est de l'invention du colonel français PAIXHANS. Elle envoie
des projectiles de 5oo kilog.; ceux dont on se
sert ordinairement ne pèsent que 15o kilog.
Rien ne peut résister à la chute de cette masse
formidable, qui creusant, en frappant la terre,
un trou de 3 mètres de profondeur, éclate ensuite, et produit l'effet de la mine la plus énergique.

Les voûtes les plus solides s'affaissent sous le
poids de ce projectile : des prisonniers en ont ra-
conté des effets incroyables.

Le général Evain, ministre de la guerre belge,
avait fait fondre ce *mortier-monstre* à Liége; ce

(1) Le mortier-monstre du colonel Paixhans, qui a été
éprouvé pendant le siége d'Anvers, a été donné à l'armée
comme un témoignage de haute estime; il sera placé à
l'hôtel des Invalides, et fera partie de son artillerie, à côté
de la coulevrine connue sous le nom de *Consulaire*, qui a
été rapportée d'Alger.

ne fut qu'après avoir résisté long-temps aux importunités de la maison du Roi qu'on en fit usage.

Le capitaine d'artillerie Corbin, beau-frère du général Evain, fut coupé en deux par un boulet, le premier jour qu'on se servit de cette pièce. Cet officier était de la plus grande espérance.

Le siége avançait rapidement vers sa solution : la garnison faisait des pertes considérables, à en juger par le peu de militaires que l'on découvrait dans la citadelle, depuis les points les plus élevés de la ville, où l'on surveillait ses mouvemens. Séparée entièrement de la flotte, par les soins des divisions qui longeaient le fleuve, elle ne pouvait retarder que quelques jours encore le moment de la capitulation.

C'est placé sur la tour de la cathédrale, que le roi des Belges rectifiait le pointage du mortier qui porte son nom.

A cet égard, laissons parler les journaux de toutes les opinions.

« S'il faut en croire le *Courrier Belge* (1) et quelques autres feuilles, la volonté du roi Léopold et celle du général Evain l'ont emporté sur les répugnances des officiers généraux de l'armée du Nord ; le *mortier-Léopold* est employé contre

(1) Ce Journal s'est montré constant défenseur de la révolution de septembre. Il est la propriété du représentant Jotrand.

la citadelle d'Anvers, au moment où ce rempart va tomber sous les efforts des Français, qui se sont refusés à faire usage de ce *monstre*.

» Le lion mourant devait recevoir le coup de pied de l'âne ! Malgré la *neutralité* de la Belgique dans l'affaire d'Anvers, il s'est trouvé des artilleurs belges, un capitaine Rigano qui, bravement posté derrière une maison et à l'abri du canon de la citadelle, ont consenti à porter les derniers coups à sa généreuse garnison !

» Croit-on qu'un roi ait pu ordonner une pareille lâcheté, et qu'il se soit trouvé des sujets pour obéir ? O Belgique ! que dira-t-on de toi ? »

« Vendredi matin le roi Léopold est monté à la tour Saint-André à Anvers, et de là observant l'effet des projectiles des assiégeans, il envoyait des avis au maréchal pour faire rectifier le tir, selon que les coups lui paraissaient porter trop haut ou trop bas, trop loin ou trop près. »

« Un journal français, *la Tribune*, disait, il y a peu de temps, que si tous les métiers ne sont pas honorables, on peut néanmoins les exercer honorablement, même celui de roi. *La Tribune* se trompe, elle devait faire une exception ; on ne peut jamais faire honorablement le métier d'*espion*. »

« On craint que les croix Léopold n'exercent un grand ravage dans notre armée. »

« Nos soldats se trouvent entre deux dangers :

les bombes de la citadelle et les décorations de
Léopold. »

L'on ne peut, sans doute, que gémir, en voyant
un prince digne d'un meilleur sort, être l'objet
d'attaques qu'on ne devrait diriger que contre
les misérables qui entourent le trône! Les
bassesses de ses favoris lui sont attribuées, et
ses vertus paraissent négatives aux yeux de la
nation et de l'Europe, tant est souillée l'atmosphère où le ciel, dans sa colère, l'a condamné d'exister; et tant sont unanimes les
malédictions qu'enregistrent les journaux de
toutes les nuances politiques.

Jetons un dernier coup d'œil sur ce drame
sanglant.

La citadelle ne montrait que des ruines fu-
mantes, peu d'instans avant la capitulation; sa
ceinture était encore animée de la vie du canon, mais la place d'armes était déserte, et le
peuple souterrain qui nous combattait était in-
visible pour nous. La brèche s'ouvrait rapidement, et les objets de remplissage étaient près
du fossé. Les compagnies désignées pour monter
à l'assaut se concentraient sur Berchem. Nos
intrépides mineurs travaillaient sous une pluie
de balles; une femme les encourageait. Frappée
d'un éclat d'obus à la tête, elle refuse de quitter
ce poste périlleux : les blessés reçoivent les premiers secours de ses mains généreuses; elle con-

tinue à distribuer des rafraîchissemens et des exhortations à nos hommes, et c'est cette femme
intrépide qui chantait au milieu du carnage :

> La vie est un voyage,
> Tâchons de l'embellir;
> Jetons sur son passage
> Les roses du plaisir!!

Près de cette femme furent frappés à mort le
chef d'escadron Gannal, le capitaine Grandsire
et un canonnier. Le sous-chef d'état-major du
général Jamin tomba aussi en sa présence dans
les bras du brave adjudant de tranchée Carle;
un officier eut la jambe emportée par une bombe
dont les éclats tuèrent deux canonniers.

Cependant nos blessés étaient transportés,
malgré le froid rigoureux, jusqu'à Charleroy,
24 heures de distance d'Anvers, et un ancien
militaire de l'Empire, dont le modeste incognito
nous a dérobé le nom, indigné des procédés de
ses compatriotes, écrivait au maréchal, qui lui
répondait du quartier-général en ces termes :|

ARMÉE DU NORD.

« Au quartier-général à Berchem, le 21 décembre 1832.

» Je suis bien reconnaissant, Monsieur, de
l'offre généreuse que vous m'avez faite de con-

sacrer votre maison aux blessés de mon armée. Je vous en remercie en son nom et au mien; j'espère toutefois ne point me trouver dans la nécessité d'y recourir, car l'hôpital d'Anvers, où déjà nous avons des blessés, a encore 6oo lits vacans à notre disposition.

» J'envoie néanmoins votre lettre à l'intendant, afin de pouvoir, si les circonstances nous y obligent, profiter d'une générosité et d'une philantropie que je ne m'étonne pas de rencontrer chez un ancien militaire qui partagea les dangers et les fatigues de l'armée française.

» Recevez, Monsieur, avec mes nouveaux remercîmens, l'assurance de mes sentimens distingués.

> » *Le maréchal commandant en chef l'armée du Nord :*

> » Comte Gérard. »

6oo lits étaient disposés pour recevoir nos blessés dans l'hôpital d'Anvers !..... et cependant, vers la fin du siége, des hommes ayant été atteints dès la première période, traversaient Bruxelles, revenant des villes du centre, où ils avaient été traités, boitant encore; ces hommes allaient rejoindre leurs camarades dans la tranchée.

Le maréchal était trompé !..... Etait-ce encore l'inévitable colonel Caradoc qui fermait à

nos soldats les portes de la ville d'Anvers, craignant qu'ils ne s'y introduisissent sous le prétexte de blessures?

Les citations seraient trop nombreuses s'il
fallait désigner tous ceux des officiers et des
soldats qui se sont distingués pendant le siége.

Nous ne pouvons cependant nous dispenser
de faire connaître quelques-uns des rapports du
chef d'état-major général.

ORDRE DU JOUR.

« Grand quartier-général. —Berchem, 22 décembre.

» Les noms des sergens Jarry et Guttin, des
grenadiers du 65ᵉ de ligne, ont été omis dans
le rapport sur l'assaut de la lunette Saint-
Laurent. M. le maréchal, commandant en chef,
informé de leur belle conduite, s'empresse de
leur accorder la mention honorable qu'ils ont
méritée.

» Les corps d'infanterie n'ont pas cessé de
contribuer avec la même ardeur aux progrès des
travaux. On doit particulièrement des éloges
aux travailleurs des 7ᵉ et 61ᵉ de ligne, aux tirailleurs du 52ᵉ et aux tireurs volontaires du
19ᵉ léger ; au sergent Dubois du 7ᵉ de ligne, qui
a été blessé; au chirurgien-major Popillon, du
même régiment; aux infirmiers des ambulances,

et à l'officier de l'administration, qui même a été légèrement blessé dans la tranchée.

» Le lieutenant de vaisseau Hernoux, attaché à l'état-major général, a droit à des éloges pour le zèle et l'intelligence qu'il a déployés dans la reconnaissance qu'il a faite pour la défense de l'Escaut. La compagnie de marins commandée par le lieutenant de vaisseau Zylof, a rendu également de bons services à l'armée, par les travaux qu'elle a exécutés sur cette rivière. Le chef de bataillon Bulon, du 39e, qui commande les détachemens qui observent l'Escaut, se fait aussi remarquer journellement par son activité et son courage; ces fonctions importantes ne sauraient être en de meilleures mains.

» L'artillerie sous la direction du colonel Bouteiller, chef d'état-major général, a construit et armé les batteries de brèche et contre-batteries, malgré tous les obstacles qui ont fait de cette opération une des plus difficiles du siége; elle les a surmontés avec courage et habileté, animée par la présence du général Neigre lui-même.

» Officiers et soldats ont rivalisé de zèle; les chefs d'escadron Gannal et Marion, les capitaines Vivier, le Courtois, Pironi, Mazure, Depaignot, Lafage et Lemoslier, et le maréchal-de-logis Morel, du train du parc, se sont surtout fait remarquer.

» Le capitaine d'artillerie Corbin a été tué d'un coup de boulet; c'était un officier plein de mérite et de bravoure.

» Par M. le maréchal commandant en chef,

» Par le chef d'état-major général,

» Le colonel, sous-chef d'état-major général :

» AUVRAY.»

ORDRE DU JOUR.

« Grand quartier-général. — Berchem, 24 décembre.

» Il ne reste plus de doute sur la mort de l'amiral hollandais tué dans la journée du 12 sur la rive droite de l'Escaut. Le canonnier Lucas pointait les pièces du fort la Croix, dont l'une a privé l'escadre hollandaise de son amiral. Le chef de bataillon Neurnayer, du 22e de ligne, commandant le fort Santvliet, a droit d'être mentionné pour l'activité et le courage dont il ne cesse de donner des preuves.

» L'armée a des pertes sensibles à déplorer. Le chef d'escadron Gannal et le capitaine Grandsire de l'artillerie ont été tués dans leurs batteries : ces officiers se faisaient distinguer par leur bravoure et leur dévoûment; ils emportent les regrets et l'estime générale.

» Les feux de la batterie de brèche et des

contre-batteries ont commencé le 21 à 11 heures du matin : on ne saurait donner trop d'éloges au sang-froid et à l'intrépidité avec lesquels
les canonniers animés par l'exemple de leurs
officiers ont servi et pointé les pièces dans une
position aussi périlleuse. Plusieurs méritent d'ê-
tre particulièrement cités ; le lieutenant Char-
vel, qui a eu le bras emporté ; le capitaine Bru-
net et le lieutenant Chevalier, qui ont été blessés ; le lieutenant-colonel Morin ; les capitaines
Perain et Arnoult qui l'ont été légèrement ; les
capitaines Artaud, le Courtois, Mazière et De-
paignol, dont les trois derniers ont déjà été cités ; le lieutenant Andumard ; les maréchaux-
des-logis Durand et Hilaire ; les brigadiers Le-
grand, Borda et Charregre ; les canonniers Gri-
sont et Petit.

» L'artillerie a dignement soutenu l'ancienne
réputation de l'armée ; travaux, fatigues, dangers, rien ne l'a rebutée.

» Le 23, à 10 heures du matin, l'ordre a été
donné de cesser le feu. Le gouverneur de la citadelle a envoyé des parlementaires pour capituler.

» Par M. le maréchal commandant en chef,
» Par le chef d'état-major général,
» Le colonel, sous-chef d'état-major général :

» AUVRAY. »

ORDRE DU JOUR.

« M. le maréchal commandant en chef se fait un plaisir de porter à la connaissance de l'armée les noms de quelques militaires qui se sont distingués et qui n'ont pu être cités dans les ordres précédens : le fourrier Mossieux, du 8e de ligne, qui a eu le bras emporté ; le caporal Hamon, du 7e de ligne ; le sapeur Robert, du génie, et le sapeur Ridder qui a été blessé. L'armée a eu quelques officiers à regretter ; le lieutenant Hermant, du 7e ; le lieutenant Gaverel, de la compagnie de tireurs volontaires du 19e léger, tous deux pleins de courage et d'élan ; le capitaine du génie Couteaux, qui se faisait remarquer par ses talens et son intrépidité.

» Plusieurs officiers ont été blessés : le capitaine Fournots et le lieutenant Schuteau, du 5e de ligne ; le capitaine d'artillerie Ravaux, et le chef de bataillon du génie Paulin. D'autres noms méritent encore d'être honorablement mentionnés : le chasseur Soulon, de la compagnie de tireurs du 19e léger, a affronté une grêle de boulets en enlevant ce qui servait de point de direction au tir des Hollandais : toute cette compagnie ne cesse de mériter chaque jour de nouveaux éloges pour son courage et son sang-froid.

11

» Le fusilier Sams, du 5ᵉ de ligne, quoique blessé, a refusé d'abandonner son gabion et continué son travail de tranchée ; le chef de bataillon Picot, le capitaine Vaillant du génie, et l'adjudant de tranchée Carle, ont parcouru à découvert la contrescarpe du fossé de la demi-lune pour reconnaître le pont de communication de l'ennemi.

» Le sergent de grenadiers Schuller, du 18ᵉ de ligne, déjà blessé au bras gauche, et après avoir reçu une nouvelle blessure au bras droit, a refusé de quitter la tranchée. Quoique tous les officiers d'état-major aient bien rempli leur devoir dans la nuit du 18 au 19, cependant le capitaine Constigie a droit à une mention particulière pour le zèle et l'intelligence qu'il a déployés : chaque fois que les troupes des 3ᵉ et 4ᵉ divisions et celles de la division d'infanterie de réserve ont été à la tranchée, les généraux Jamin, Fabre et Schramn sont restés constamment auprès d'elles, et les ont encouragées par leur présence et leur exemple.

» Antoinette *Moron*, cantinière du 25ᵉ de ligne, donne des preuves journalières de courage et de dévoûment ; elle a retiré sous le feu de l'ennemi un mineur qui était tombé dans un fossé ; déjà elle avait eu son chapeau traversé d'une balle en secourant un blessé, et elle avait cherché un brancard pour en transporter un autre au milieu des bombes et des boulets ; elle mérite la reconnaissance de l'armée.

» Les officiers de santé des ambulances continuent à rendre un des plus utiles services ; M. le maréchal ne manquera pas de faire valoir un dévoûment si honorable.

» Dans la visite que M. le maréchal a faite dans l'hôpital d'Anvers, il a reçu de la part des blessés les témoignages les plus flatteurs pour MM. les officiers de santé et le directeur de ce établissement. Déjà il a eu occasion de citer M. le docteur Seutin : le zèle et les talens de M. le docteur Gouzée sont dignes du même éloge ; c'est à leurs soins et à leur habileté que l'on doit attribuer l'état satisfaisant des militaires qui y sont traités. M. le maréchal leur exprime toute sa satisfaction.

» Le lieutenant-général Saint-Cyr-Nugues, chef d'état-major général, a été blessé dans la tranchée d'un éclat d'obus à l'épaule, la nuit du 18 au 19 décembre.

» Pour M. le maréchal, commandant en chef,

» Pour le chef d'état-major-général,

» Le colonel, sous-chef d'état-major-général :

» Auvray. »

CAPITULATION.

Enfin, après vingt-quatre jours de tranchée ouverte, la citadelle capitule et cesse son feu !!!

> « Citadelle d'Anvers, le 23 décembre 1832.
> » 9 heures du matin.

» Croyant avoir satisfait à l'honneur militaire dans la défense de la place dont la défense m'est confiée, je désire faire cesser l'effusion du sang. En conséquence, monsieur le maréchal, j'ai l'honneur de vous prévenir que je suis disposé à évacuer la citadelle avec les forces sous mes ordres, et à traiter avec vous de la remise de cette place, ainsi que de la position de la Tête-de-Flandre et des forts qui en dépendent.

» Pour parvenir à ce but, je vous propose, monsieur le maréchal, de faire cesser le feu, de part et d'autre, pendant le cours de cette négociation.

» J'ai chargé deux officiers supérieurs (1) de

---

(1) MM. Zelig et Delprat, parlementaires hollandais, ont tous les deux long-temps servi en France, et par un concours de circonstances assez bizarres, le premier, major du génie, a été sous les ordres du général Haxo, et le second, commandant de l'artillerie, a servi sous le général Neigre.

remettre cette lettre à Votre Excellence. Ils sont munis des instructions nécessaires pour traiter de l'évacuation susdite.

>> *Signé* le général d'infanterie,

>> Baron CHASSÉ. >>

CAPITULATION

Arrêtée entre le général d'infanterie baron Chassé, commandant la citadelle d'Anvers et les forts qui en dépendent, et le maréchal Gérard, commandant en chef l'armée française devant cette place.

« Art. 1ᵉʳ. Le général d'infanterie baron Chassé livrera à M. le maréchal comte Gérard la citadelle d'Anvers, la position de la Tête-de-Flandre, les forts Burght, Zyndrecht et Austerwel, dans leur état actuel, avec les bouches à feu, munitions de guerre et de bouche, à la réserve des objets mentionnés à l'art. 3.

>> 2. La garnison sortira avec les honneurs de la guerre, déposera les armes sur les glacis, et sera prisonnière de guerre. Toutefois, M. le maréchal Gérard s'engage à la faire reconduire à la frontière de Hollande, où ses armes lui seront rendues aussitôt que S. M. le roi de Hollande aura ordonné la remise des forts de Lillo et de Liefkenshoek.

» A cet effet, M. le maréchal Gérard enverra sans retard un officier à La Haye, et permettra à M. le général Chassé d'en envoyer un de son côté, s'il le juge convenable.

» 3. MM. les officiers conserveront leurs armes, toute la garnison conservera ses bagages, voitures, chevaux et effets, appartenant soit au corps, soit à des individus de cette garnison. Quelques personnes étrangères à la garnison, qui sont restées dans la citadelle, seront sous la protection de l'armée française.

» 4. Si la réponse de La Haye ordonne la remise des forts de Lillo et de Liefkenshoek, la garnison sera reconduite à la frontière de Hollande, soit par eau, soit par terre, au choix de M. le général Chassé, aussitôt après la prise de possession desdits forts.

» 5. Si la garnison prend la route de terre, elle marchera en une seule colonne. M. le général Chassé aura la liberté d'envoyer à l'avance des officiers d'état-major et des commissaires de guerre, pour préparer des logemens sur le territoire hollandais.

» 6. Dans le cas où les chevaux et voitures appartenant à la garnison ne suffiraient pas au transport de ses effets, il lui sera fourni des moyens de transport, dont le paiement sera à sa charge. Il en sera de même des bateaux qui pourraient être nécessaires pour le transport des meubles des officiers et employés de la garnison.

» 7. Pour le transport des malades et surtout des blessés, il sera fourni, aux frais du gouvernement hollandais, les bateaux nécessaires pour les évacuer par eau sur Berg-op-Zoom. Les malades non transportables continueront d'être traités dans des lieux convenables à leur situation, aux frais du gouvernement hollandais, par des officiers de santé de cette nation, qui jouiront, à leur sortie, des mêmes avantages que la garnison.

» 8. Immédiatement après la signature de la présente capitulation, l'armée assiégeante fera occuper par un bataillon la demi-lune et la porte de la courtine du front de la ville.

» 9. Dans le plus court délai possible, les commandans d'artillerie et du génie remettront aux chefs desdits corps de l'armée française, les armes, munitions, plans, etc., etc., relatifs aux services dont ils sont respectivement chargés. Il sera dressé, de part et d'autre, inventaire des objets remis.

» Fait au quartier-général sous Anvers, le 23 décembre.

» Le lieutenant-général, chef d'état-major-général chargé des pouvoirs de M. le maréchal commandant en chef l'armée du Nord,

» St.-Cyr Nugues.»

M. de Tallenay est arrivé hier soir à neuf heures au quartier-général; il a apporté la nouvelle du refus du cabinet de La Haye d'évacuer les forts de Lillo et Liefkenshoek; malgré ce refus, l'armée française va rentrer en France. Déjà des ordres ont été envoyés aux différens corps pour leur départ.

La division Dejean doit commencer son mouvement demain, et se dirigera sur Alost et Grammont; la division de réserve du général Schramm suivra immédiatement, et ainsi de suite.

M. Delafontaine, aide-de-camp de M. le maréchal, qui était allé porter à Paris la capitulation, vient d'arriver au quartier-général; c'est lui qui était porteur des ordres de rentrée.

LETTRE DU GÉNÉRAL CHASSÉ AU DIRECTEUR DE LA GUERRE.

A S. Exc. M. le directeur-général de la guerre.

« Quartier général de la citadelle d'Anvers, 4 décembre.

» Les difficultés augmentant tous les jours pour la défense honorable du poste qui m'a été confié, j'ai été forcé, malgré moi, d'entrer en négociation avec l'ennemi.

» Les fatigues et les privations que les soldats ont éprouvées depuis trois semaines sont au-dessus de toute description, et ont épuisé entièrement les forces de la garnison.

» Il faut ajouter à cela que l'eau potable est tellement diminuée dans les puits, par suite de la mise à sec des fossés de la forteresse, que c'est avec la plus grande peine qu'on pouvait parvenir à se procurer l'eau indispensable; et, pour comble de malheur, les deux derniers puits encore existans ont été détruits la nuit dernière par les bombes ennemies.

» Toutes les places dites à l'abri de la bombe sont entièrement dévastées, de manière que les soldats sont tellement entassés dans les poternes, les communications et les galeries, pendant un bombardement continu, qu'ils ne peuvent presque plus goûter de sommeil ni de repos.

» L'hôpital, à l'abri de la bombe, dans lequel se trouvent les blessés intransportables et les amputés, menace ruine à tout moment; ce qui expose ces malheureux à être écrasés et ensevelis tous ensemble sous les ruines.

» L'ennemi a ouvert, à coups de canon, une brèche dans la face gauche du bastion nᵒ 2, qui a de 80 à 100 aunes de largeur, et qui a déjà comblé la moitié du fossé.

» La descente du fossé est achevée et l'ennemi n'a plus qu'à faire jouer sa mine pour faire tomber la contrescarpe dans le fossé et pour donner l'assaut.

» C'est par les raisons ci-dessus que voyant

l'impossibilité d'éviter un assaut et la certitude de voir perdre, en attendant cet assaut, la gloire acquise, j'ai fait des propositions au maréchal Gérard pour obtenir qu'il me laissât retirer, et je me suis montré disposé à effectuer l'évacuation demandée par lui le 30 novembre dernier. Cela ayant été refusé de sa part, j'ai été obligé à la fin, après avoir passé toute une journée à parlementer, de conclure, d'accord avec le conseil de défense, la capitulation dont j'ai l'honneur de vous joindre ici copie.

» Votre Excellence verra là le jour le plus malheureux de ma vie ; j'aurais désiré finir ici ma carrière par une mort glorieuse ; mais cela n'a pu avoir lieu.

» J'aurai l'honneur de vous faire connaître à la première occasion les noms de ceux qui se sont le plus signalés dans ce siége déplorable, afin qu'il vous plaise de les recommander à S. M. notre digne monarque.

> » *Le général d'infanterie, commandant en chef de la citadelle et des forces de terre et de mer de Sa Majesté devant Anvers.*
>
> » Le baron CHASSÉ. »

CAPITULATION.

« Je me suis offert comme prisonnier avec quelques-uns de mes officiers pour obtenir que la garnison pût retourner librement dans les provinces septentrionales, mais en vain.

» Par l'article additionnel, Votre Excellence verra que la flottille devant la ville n'est pas comprise dans la capitulation, condition qui y a été consacrée sur les instances réitérées du capitaine Koopman. A la suite de cela j'étais convenu avec lui de faire, à la faveur de l'obscurité, descendre l'Escaut par les six meilleures canonnières et de détruire les autres. Il paraît que la première partie de ce projet n'a pu réussir, car j'apprends à l'instant qu'une seule canonnière a pu descendre ; onze autres ont été brûlées ou coulées bas par leurs équipages. »

Cette pièce, suivie de la note ci-après, fut insérée dans le *Staats-Courant* de La Haye :

« Le général Chassé ayant jugé convenable de faire porter ces pièces à La Haye par le lieutenant Hernusius, celui-ci arriva à nos avant-postes avec M. de Tallenay, secrétaire d'ambassade, et M. de Passy, capitaine d'état-major, qui n'ont pas pu dépasser sur notre territoire le village de Groot-Zundert, ainsi qu'il résulte de la dépêche suivante du ministre de la guerre au général Chassé. Nous faisons suivre cette pièce de l'arrêté pris par Sa Majesté, arrêté par lequel chaque Néerlandais trouvera la preuve que Sa Majesté a su dignement récompenser l'héroïsme de son général, et reconnaît l'honorable conduite d'une garnison qui, sous les yeux de l'Europe entière, a si dignement soutenu l'honneur national.

« Nous Guillaume, par la grâce de Dieu, roi des Pays-Bas, grand-duc de Luxembourg, etc., etc.

» Voulant que notre général d'infanterie baron Chassé, à l'occasion de ce qu'après une défense glorieuse contre une armée française supérieure, il s'est trouvé forcé de se rendre, reçoive, ainsi que tous les officiers et soldats sous ses ordres, une preuve provisoire (*voorlooping*) mais publique de notre approbation et de notre reconnaissance pour le courage, la persévérance et le patriotisme dont ils ont fait preuve, malgré les grandes fatigues et les privations pendant un siége aussi long qu'acharné ;

» En attendant les rapports à la suite desquels nous nous réservons de reconnaître et récompenser les services des officiers et soldats qui se sont distingués ;

» Nous avons trouvé bon de nommer le général baron Chassé grand'croix de notre ordre militaire de Guillaume.

» La Haye, 25 décembre 1832.

» GUILLAUME. »

Au général baron Chassé.

« Hier matin j'ai reçu la dépêche par laquelle Votre Excellence m'informe des négociations entamées par elle avec l'ennemi (*vyand*), des raisons qui l'ont déterminée à m'envoyer la capitulation conclue avec le maréchal français Gérard.

» J'ai soumis ces pièces à Sa Majesté, qui m'a chargé de vous faire la communication sui-vante :

» Le roi n'entre pas dans la capitulation comme telle, mais Sa Majesté m'a chargé de vous donner l'assurance que votre conduite et celle de la brave garnison de la citadelle pen-dant toute la défense de cette forteresse, loin de lui laisser rien à désirer, lui a causé une sa-tisfaction inexprimable, qu'elle a répondu à la juste attente de Sa Majesté, qu'elle n'a pas cessé pendant toute la durée du siége de prendre part au sort de tant de braves qui ont versé leur sang pour la patrie, et qu'elle a appris avec peine, par votre dernier rapport, combien avaient été grandes les fatigues de la brave garnison.

» Voulant donner une marque de sa satisfac-tion à vous ainsi qu'à toute la garnison de la cita-delle, le roi vous a nommé, Général, grand'croix de l'ordre militaire de Guillaume.

» La valeur de cette haute distinction sera d'autant plus appréciée de Votre Excellence, que Sa Majesté a, en ma présence, ôté sa propre décoration, et ma remis la décoration et le ruban qu'elle portait encore dans la dernière occasion solennelle, afin de vous remettre ces insignes qui deviendront les vôtres, et que vous recevrez avec cette lettre.

» Je suis satisfait de pouvoir vous annoncer que le roi a approuvé toutes les nominations que vous avez faites de chevaliers de 4ᵉ classe de l'ordre militaire de Guillaume, et qu'il attend les rapports que vous avez à lui soumettre touchant les autres récompenses à accorder.

» Sa Majesté a appris avec plaisir que Votre Excellence peut faire transporter ici ses blessés.

» Enfin je puis donner à Votre Excellence l'assurance que mon adjudant le capitaine Verhout vient de partir pour les avant-postes de Groot-Zundert pour s'y aboucher avec l'officier français et le secrétaire de légation, afin d'apprendre d'eux de quelles propositions ils sont porteurs ; cependant je puis certifier à Votre Excellence que si ces propositions ne concernent pas autre chose que l'évacuation de Lillo et Liefkenshoek, on n'y accédera en aucune manière.

» Je prie Votre Excellence d'agréer, etc.

» *Le directeur-général de la guerre,*

» DE EERENS. »

D'après un long rapport du général Chassé que contient encore le *Staats-Courant*, le nombre des blessés et des malades évacués sur la Tête-de-Flandre s'élevait à 260. La perte s'élevait, depuis l'ouverture du siége, à 90 tués, 349 blessés et 67 prisonniers.

Une des dépêches du général Chassé se terminait ainsi :

« Ce jour, Monseigneur, est le plus infortuné » de ma vie ; j'aurais volontiers terminé ici mon » existence par une mort glorieuse, mais il ne » me l'a pas été permis. J'aurai l'honneur d'en- » voyer à Votre Excellence à la première occa- » sion, les noms de ceux qui se sont distingués » dans ce siége si déplorable, afin que vous » puissiez les faire connaître à Sa Majesté notre » roi. »

« Le roi, en recevant cette lettre des mains du directeur de la guerre, a ôté à l'instant même les insignes de grand'croix de l'ordre Guillaume dont il était revêtu, et les a remis au ministre en le chargeant de les envoyer immédiatement au général Chassé, de lui annoncer sa nomination de chevalier grand-cordon de l'ordre, et en lui témoignant la haute satisfaction de Sa Majesté. »

Pendant que l'artillerie et le génie avaient dignement soutenu leur ancienne renommée, que faisaient nos soldats sur les bords de l'Escaut?

Exposés à toutes les intempéries de la saison, ayant à lutter nuit et jour contre la flotte, armée de deux cent quarante pièces d'artillerie, à portée de pistolet de cette flotte, nos soldats avaient encore à repousser les attaques des garnisons des forts de Lillo et de Liefkenshoek, en même temps qu'ils surveillaient le cours du fleuve pour isoler la citadelle, et empêcher sa garnison de communiquer avec la Hollande.

Ce fut par un fait d'armes remarquable que les divisions de l'Escaut terminèrent cette courte mais glorieuse campagne. Le général Sébastiani rendait compte en ces termes de sa rencontre avec les Hollandais :

« Ferme de Doel, le 23 décembre 1832, à 4 heures du soir.

« Monsieur le maréchal,

» Ainsi que je le prévoyais depuis quelques jours, l'escadre hollandaise et la garnison du fort Liefkenshoek ont fait une tentative le matin sur la digue de Doel.

» A huit heures, au moment où j'allais reconnaître mes postes, le commandant Baudisson m'a fait prévenir qu'il allait être attaqué : je me suis rapidement porté sur ce point, et à mon arrivée, l'affaire venait de s'engager.

» L'escadre, composée d'une frégate, deux

corvettes, trois bateaux à vapeur et une vingtaine de canonnières, avait descendu la rivière et s'était placée vis-à-vis la digue de Dœl. Sur chaque bateau à vapeur il y avait trois à quatre cents hommes de débarquement. Des barques portant des hommes et de l'artillerie, sorties de Liefkenshoek, se sont en même temps avancées sur l'inondation, pendant qu'une sortie de la garnison se dirigeait le long de la mer sous la protection de leurs canonnières. Les bateaux qui étaient dans l'inondation sont venus débarquer les hommes qu'ils avaient à bord sur la digue près du point où elle se réunit à celle qui contient l'inondation.

» Les bateaux à vapeur ont mis à terre les hommes qu'ils avaient été chercher à Lillo, et tous ensemble se sont précipités sur le premier poste que nous avons à la jonction de ces deux digues. Aux premiers coups de fusil, le bataillon s'est porté sur le point attaqué : uue vive fusillade s'est engagée, et après un feu de quelques momens, nos troupes ont abordé l'ennemi à la baïonnette, l'ont culbuté, et se sont ensuite avancées sur la digue en battant la charge. Cette attaque vigoureuse a ébranlé les Hollandais ; ils se sont retirés en désordre ; ils ont regagné avec peine leurs embarcations, et ceux qui faisaient partie de la garnison sont rentrés dans le fort, poursuivis par nos soldats, qui se sont avancés jusqu'à portée de fusil de la place, dont le feu à mitraille les a empêchés de pénétrer plus loin.

» J'ai fait aussitôt border les banquettes que j'ai fait pratiquer derrière la digue, et nos soldats ont commencé à tirer sur l'escadre, qui était à portée de pistolet. Le combat s'est soutenu jusque vers trois heures ; les bâtimens se sont ensuite fait remorquer par les bateaux à vapeur, et ont été se réfugier sous le feu des forts de Liefkenshoek et Lillo.

» Nous avons eu une douzaine d'hommes tués et une quarantaine de blessés, dont plusieurs très-grièvement. Nos troupes ont été admirables sous le feu d'une canonnade à laquelle nous ne pouvions répondre, puisque nous étions sans artillerie ; elles sont restées impassibles, et on n'a entendu d'autres cris dans les rangs que celui d'*en avant ! en avant !* lorsque l'ennemi s'est présenté sur nos digues. Cependant l'escadre a tiré pendant près de six heures ; deux cents pièces de canon faisaient feu, et la mitraille pleuvait de toutes parts de manière à étonner les soldats les plus aguerris.

» Les digues sont restées jonchées de cadavres hollandais, parmi lesquels on remarquait l'officier qui commandait le débarquement sur la plage.

» Le peu de prisonniers que nous avons faits,

et qui, du reste, sont tous blessés, m'ont dit
que douze cents hommes sont venus de Flessingue, et que sept à huit cents hommes, pris dans
les garnisons de Lillo et de Liefkenshoek, ont
été joints pour faire cette tentative. Ainsi, nous
avons soutenu l'attaque de deux mille hommes
protégés par le feu d'une nombreuse escadre,
avec six à sept cents hommes, car le 3ᵉ bataillon du 8ᵉ et quelques postes des autres bataillons ont seuls pris part à cette affaire. J'avais
donné l'ordre aux autres bataillons et au 19ᵉ de
ligne d'arriver au pas de course; mais les chemins sont si mauvais qu'ils n'ont pu arriver
qu'à la fin de l'affaire.

» Les Hollandais se sont retirés avec une telle
précipitation, que beaucoup, ne pouvant re-
gagner leurs barques, se sont jetés à la nage
et ont péri dans les flots. J'évalue à cent hommes ceux qui ont péri par le feu et la baïonnette de nos soldats. Cette affaire glorieuse,
qui terminera probablement nos travaux en
Belgique, assure notre position à Doel; la population du village a témoigné sa joie, elle est
venue embrasser nos soldats après le combat et
leur offrir de l'eau-de-vie et du pain.

» J'aurai l'honneur de vous adresser demain
un rapport qui vous fera connaître tous ceux
qui se sont distingués. Mais je crois devoir vous
signaler dès aujourd'hui M. le commandant

Baudisson, MM. les capitaines Courton, Millo, Destaing, Meifrein, et les lieutenans Bauché de Saint-Léger et Dars ; ces deux derniers ont été blessés.

» Je ne dois pas oublier le capitaine d'é-tat-major Desalles, mon aide-de-camp, qui, étant sur la digue, s'est précipité jusque sur le bord de la rivière, et a pris un soldat hollandais au moment où il se jetait à l'eau pour gagner les barques. Beaucoup de sous-officiers et de soldats se sont fait remarquer. Je vous enverrai demain leurs noms.

» L'escadre a dû souffrir beaucoup, d'après le rapport des prisonniers.

» Agréez, monsieur le maréchal, etc.

» *Le lieutenant-général commandant la* 1re *di-vision :*

» T. Sébastiani. »

Ainsi fut terminé le siége de la citadelle d'Anvers.

Bientôt le Belge allait être appelé à nous succéder au pouvoir. Examinons comment il préluda à l'acte de souveraineté que nous lui avions octroyée.

Le commandant de la flottille, ne pouvant opérer sa retraite, avait détruit ses bâtimens avant de se rendre à nos troupes. Il avait agi selon les règles prescrites à la marine.

Nous allons encore faire parler, dans l'horrible fait que nous avons à raconter, des autorités irrécusables.

Ainsi s'exprimait le *Phare d'Anvers*, journal des prêtres :

« Pendant la nuit, M. le capitaine Koopman, furieux de voir la citadelle être forcée de céder, et ne voulant pas laisser au pouvoir des vainqueurs la flottille sous ses ordres, en a ordonné la destruction : cinq canonnières ont été brûlées et sept coulées à fond; le bateau à vapeur *Chassé* a sauté en l'air. Le capitaine Koopman, qui s'enfuyait dans une chaloupe, a été forcé de se rendre au fort Sainte-Marie.

» Ces prisonniers ont traversé la ville à une heure, escortés par des gendarmes français; une affluence considérable de monde les suivait. La populace s'est livrée à quelques excès envers *ces incendiaires*; l'escorte française est parvenue à contenir la fureur du peuple et à conduire les prisonniers en lieu de sûreté. Il faut avoir été témoin de l'incendie d'hier soir pour expliquer l'indignation générale qui a accueilli ces prisonniers hollandais. M. Koopman était avec eux. »

Ainsi les ministres d'un Dieu de miséricorde applaudissaient à des massacres exercés sur de malheureux prisonniers !

Le Belge, journal dirigé par le représentant *Levae* de Courtray, journal dont les doctrines libérales constantes ont valu à son rédacteur le nom d'*incorruptible*, et qui l'ont poussé jusqu'à la Chambre, *le Belge* s'exprimait ainsi le 23 décembre :

« Anvers, 23 décembre, 11 heures du matin.

» Les prisonniers de la canonnière traversent la ville, entrant par la porte Rouge et sortant par la porte de Berchem, sous escorte de dix ou douze gendarmes français et d'un peloton d'infanterie. Ils sont sur une charrette dont l'officier, avec son écharpe orange, occupe le devant. Le peuple, par ses cris, l'oblige bientôt à se dépouiller d'un emblême à si juste titre odieux à la Belgique. *Jusque là rien que de louable.* Mais aux clameurs succèdent les menaces, la boue et les pierres. En vain le brigadier de gendarmerie en appelle-t-il à l'humanité de la nation neutre, qui n'est admise qu'après coup à se mêler dans une lutte qui la concerne. Plusieurs soldats, déjà blessés, sont atteints de nouveau après le combat. L'un de ces malheureux est remonté sur son banc, l'œil pendant sur une joue, atteint par un débris de bombe ramassé dans la campagne. Ce spectable soulève le cœur. Je dissimulerais d'aussi honteuses circonstances si leur notoriété n'était pas publique. Ne laissons pas à nos ennemis l'initiative de flétrir d'aussi lâches cruautés (1). »

(Le Belge.)

Les magistrats, frappés de terreur à la vue d'une scène dont nos lecteurs ont pu deviner les détails, firent afficher la proclamation suivante :

« Concitoyens !

» Chez tous les peuples civilisés les prisonniers sont sacrés ; un ennemi désarmé n'est plus un ennemi ; aujourd'hui cependant quelques

---

(1) Hypocrisie !.... Hypocrisie !....

Oui, nous flétrirons ces lâches cruautés ! car il appartenait aux Français seuls de décider si leurs prisonniers devaient se dépouiller des glorieuses couleurs nationales. Ce sont les encouragemens que vous avez donnés à cette multitude aveugle qui lui ont fait tremper les mains dans le sang de ces braves. Abandonnez un langage hypocrite, prêchez d'exemple ; ou plutôt effacez les turpitudes auxquelles vous avez présidé depuis deux années ; car ce peuple que vous condamnez aujourd'hui pourrait bien vous demander si vous n'applaudîtes point aux excès qui précédèrent et suivirent la révolution de septembre ; et si les témoins que vous vous êtes donnés en appelant ici l'armée française, ne sont point ceux dont vous mendiez le suffrage par ce quasi-blâme que vous jetez sur un acte que vous applaudîtes naguère quand vous n'aviez pour censeur que la nation que vous avez égarée.   De R....

personnes égarées se sont permis d'insulter des prisonniers. Gardons-nous de donner lieu de penser que les sentimens qui les ont fait agir seraient ceux des habitans d'une ville si éminemment distinguée par son humanité.

» Concitoyens ! que l'époque de notre délivrance en soit une d'oubli même pour ceux d'entre nous qui ont été frappés dans leurs intérêts les plus sensibles ; qu'il n'y ait plus parmi nous que des amis de l'ordre, et que tous nos efforts tendent à consolider le bonheur de la patrie.

» Fait en l'hôtel de la régence d'Anvers, le 24 décembre 1832.

» Le bourgmestre, Legrelle. »

Nous donnons ci-après quelques extraits de journaux, qui, avec la pièce officielle ci-dessus, ne permettent plus de douter de la véracité de ce que nous avons signalé dans notre précis historique :

« Anvers, le 25 décembre 1832.

» *A Monsieur le rédacteur du* Lynx.

» Monsieur,

» Hier, vers midi, nous avons été témoins d'une scène horrible et révoltante ; le peuple souverain était en émoi ; des hommes à figure sinistre circulaient dans les rues, et chacun se demandait avec inquiétude et avec effroi si on allait piller ou assommer les Orangistes (c'est sous ce nom qu'on désigne tous les honnêtes gens); mais en passant devant des groupes qui se formaient sur divers points, on fut bientôt détrompé, et on apprit qu'il s'agissait d'une expédition non moins honteuse, celle de maltraiter des prisonniers ; car, dans l'intention sans doute d'aigrir les passions et d'exciter au crime, on avait fait circuler la nouvelle que des *incendiaires* allaient être conduits en ville ; et effectivement, vers une heure, un bruit confus de huées et de vociférations se faisait entendre au loin et annonçait l'arrivée des malheureux prisonniers arrêtés près du fort Saint-Philippe. Ils étaient entourés de gendarmes français et escortés par un piquet d'infanterie de la même nation ; l'officier de la marine Meersman, portant deux décorations , était assis sur le devant d'un charriot sur lequel se trouvaient quelques matelots, et d'autres suivaient à pied ; ces hommes, si dignes de l'estime même de leurs ennemis, furent assaillis le long de la route par des cannibales qui se seraient portés contre eux aux dernières extrémités, sans les Français qui , à plusieurs reprises, repoussèrent la foule à coups de plat de sabre. L'indignation fut à son comble lorsqu'arrivés sur la place de Meir, on vit ces furieux continuer à lancer des ordures et des pierres contre des hommes désarmés. L'officier de la marine fut atteint et blessé à la figure ; il couvrit de son mouchoir ses décorations, et, ne s'inquiétant plus de sa personne, il semblait regarder avec pitié ceux qui l'outrageaient ainsi. Aucune protection autre que celle du faible détachement français n'aurait préservé les prisonniers d'une catastrophe le long de cette pénible route, si l'officier belge de garde à la porte de Malines, mettant ses hommes sous les armes, n'eût concouru à dissiper l'attroupement qui grossissait toujours. Honneur à cet officier vraiment belge !

» Honneur aux Français qui, en protégeant la vie des braves, ont épargné à la révolution un assassinat et la honte d'une tache ineffaçable ! »　　　　　　　　　(*Le Lynx.*)

« *A M. le Rédacteur du* Lynx.

» Monsieur,

» J'étais jeune à l'époque où des prisonniers de toutes les nations refluaient vers l'intérieur de la France. Le héros qui moissonnait ainsi des otages dans toutes les parties de l'Europe savait *honorer le courage malheureux.* Napoléon eût fait punir les misérables qui auraient eu la lâcheté d'insulter les prisonniers. Ce météore a passé et avec lui les grandes actions. Un homme, je le crois, aura une page après la sienne dans l'histoire des rois (1), alors que les siècles auront confondu dans la poussière ces détenteurs de sceptres qui n'en savent pas justifier la possession. Sous le règne de Napoléon, des souscriptions s'ouvrirent partout où il y eut des prisonniers de guerre. La souscription que vous avez ouverte dans vos bureaux se couvre de noms honorables. Veuillez y joindre mon offrande ; il suffit d'être humain pour venir au secours des victimes de ce siége dont, comme Français, la gloire rejaillit sur moi, mais que, comme citoyen indépendant, je blâme sous les rapports politiques. Je saisis cette occasion d'appeler l'intérêt des âmes généreuses sur un soldat hollandais nommé Moren (de la 10ᵉ lé-

(1) Des gouvernemens de majorité factice font un crime à Guillaume d'oser décliner leurs iniques arrêts et de braver l'Europe, appuyé qu'il est par le vote unanime de son peuple : l'on appelle cela ENTÊTEMENT ! L'épée de Napoléon fut brisée par de lâches défections.... elle fut souillée ensuite par de misérables nains politiques qui osèrent lui faire un crime d'avoir trouvé la France trop petite pour sa taille colossale. Mais si, pour enflammer les soldats de la France, on a dû ressusciter les gloires de l'Empire, les rois aussi, dans leur détresse, citeront pour modèle à leurs peuples la constance de la nation hollandaise ; et les peuples, trahis par leurs gouvernans, demanderont à la Providence un roi courageux comme Guillaume de Nassau.   De R....

gion, 2ᵉ bataillon, 1ʳᵉ compagnie), au profit duquel quelques amis et moi avons ouvert une souscription particulière. Ce malheureux, percé, lors de la prise de la lunette St.-Laurent, de plusieurs coups de baïonnette, a donné à l'un de mes compatriotes, M. Forget, chirurgien-major de l'ambulance du grand quartier-général, l'occasion de déployer son admirable talent. En effet, après avoir été pansé de plusieurs plaies que lui ont laissées sur la poitrine et les épaules plusieurs coups de baïonnette, et avoir été amputé du poignet gauche, le soldat Moren était menacé d'être emporté par la gangrène, parce que son avant-bras droit avait été tellement fracassé, qu'il ne pouvait être amputé; mais, avec une habileté ingénieuse, M. Forget est parvenu à opérer la désarticulation du bras de l'épaule, en sorte que ce mutilé hollandais est en ce moment en voie de guérison à l'hôpital d'Anvers.

» Une petite rectification que je vous engage à faire, c'est que si notre maréchal Gérard n'a pas été au dernier spectacle où Léopold Iᵉʳ assistait, une indisposition n'était pas la cause de son absence du théâtre; le fait est que le maréchal n'avait pas reçu d'invitation de la cour, et comme il se trouvait en bonne compagnie chez le duc d'Aremberg, il y est resté toute la soirée.

» Recevez, etc.   L. M. »

Chassé et Gérard.

« La conduite du général français envers son ennemi vaincu est noble et généreuse ; elle a dû prouver à Chassé que son héroïque défense lui a mérité l'admiration de l'Europe et l'estime de ses ennemis.

» Enterré sous les boulets, ayant vu détruire tous ses moyens de défense par le feu le plus terrible, la reddition de Chassé est un nouveau titre à sa renommée militaire. Honte à ceux qui déversent sur la tête du vieux soldat malheureux des sarcasmes qui dévoilent toute la bassesse des sentimens de leur âme !

» Comme Belges, comme patriotes, nous nous réjouissons de la prise de la citadelle, qui cependant ne dénoue ni ne simplifie aucunement une question qui menace encore la paix de l'Europe ; comme hommes dont le cœur vibre à tout ce qui est beau et grand, nous avons de douloureuses sympathies pour le courage malheureux.

» Et s'il fallait, pour être patriotes, méconnaître l'héroïsme, la vertu militaire et tout ce qu'il doit y avoir d'angoisses navrantes dans l'âme du guerrier vaincu ; s'il fallait insulter au lion fléchissant le jarret sous la zagaie du chasseur ; s'il nous fallait flatter les viles passions d'une stupide et cruelle populace, par d'ignobles plaisanteries sur un ennemi tombé, non sous des boulets belges, mais sous des bombes gauloises ; s'il nous fallait, pour obtenir les applaudissemens des cabarets borgnes, nous dépouiller de notre dignité d'hommes, nous le disons hautement : nous ne faisons plus partie de ces patriotes.

» Belges, soyons généreux ! et soyons-le surtout aujourd'hui que le malheur nous a courbé la tête : il sied mal au lion muselé d'insulter à celui qui meurt en se défendant ! »

(Le Knout.)

Tous les journaux, vraiment patriotes, flétrirent donc ces lâches cruautés que le *Phare d'Anvers*, journal des *prêtres*, avait préparées et justifiées.

REMISE DES ARMES PAR LA GARNISON DE LA CITADELLE,

Le 24 décembre à 4 heures.

Le maréchal, accompagné du duc d'Orléans et du duc de Nemours, suivi de son état-major, se rendit à la citadelle par la porte de l'Esplanade, pour rendre visite au général Chassé. Rien ne peut donner une idée des décombres au travers desquels il fallut se frayer un passage pour arriver à la casemate au fond de laquelle était le général. C'était un spectacle touchant que ce vieux guerrier au milieu de toutes ces images de destruction, craignant de n'avoir pas fait une assez honorable défense.

Le maréchal tâcha d'adoucir tout ce qu'il y avait d'amer dans sa position, et en prenant congé de lui, dans une allocution tout-à-fait touchante, faite en présence d'un grand nombre d'officiers hollandais, il déclara que leur belle défense leur avait mérité pour toujours l'estime des Français, et qu'il n'y avait pas un officier dans son armée qui ne fût fier de les avoir pour frères d'armes. *J'honore partout le courage*, dit le maréchal; *et ces ruines, Messieurs, sont les plus belles preuves du vôtre.* Il visita ensuite la citadelle, et en présence de l'escarpe du bastion de Tolède à moitié tombée dans le fossé : *Il était temps*, dit-il; *le général Chassé s'est conduit en homme d'honneur, il ne pouvait tenir un jour de plus.*

Le maréchal se rendit ensuite sur les glacis de la lunette de Kiel. Là un détachement d'artillerie et du génie et la division Fabre étaient rangés en bataille; bientôt on vit sortir de la citadelle, en colonne serrée, par divisions, la garnison composée d'environ 4,000 hommes; ces soldats étaient en général très-beaux, la figure un peu fatiguée comme des hommes qui ont souffert, mais d'une très-belle tournure militaire.

Le maréchal Gérard, honorant son ennemi vaincu, ennemi qui a long-temps combattu dans les armées françaises, a voulu, tout en faisant exécuter le traité, éloigner de l'exécution tout ce qui pouvait en augmenter l'amertume. Ainsi point d'apparat ; les choses se sont faites comme en cachette, dans la coulisse ou plutôt derrière le rideau. Tandis que le défilé avait lieu, on ne s'en doutait seulement pas à Berchem.

L'ennemi sortit de la citadelle. Il déboucha en colonne serrée par la porte de Secours ; le général-major de Favange commandait le défilé. La garnison déposa les armes et les mit en faisceaux. Alors commença une série de scènes touchantes et trop nombreuses pour être racontées. On vit des larmes couler sur bien des visages, au moment de cette séparation forcée du vieux soldat d'avec son vieux mousquet. Plusieurs brisèrent leurs armes, déchirèrent leurs cartouches et les foulèrent aux pieds.

Les Hollandais, entourés de tous les égards, prirent la route de la France, deux jours après la remise de leurs armes à notre armée. La Hollande dira la conduite des *officiers* et des soldats *français*.

Le Hollandais abandonnée de l'Europe ex-

primait ainsi sa douleur dans un écrit élo-
quent intitulé le *Cri du Sang*, inséré dans le
Journal de La Haye, du 19 décembre :

« Pourquoi le sang français coule-t-il en abon-
» dance? Est-ce pour étendre les limites de la
» France, comme sous Louis XIV? Non.

» Est-ce pour la défense du sol de la patrie,
» comme sous la République? Non.

» Est-ce pour conquérir l'empire du monde,
» comme sous Napoléon? Non.

» Est-ce peut-être pour châtier des rebelles
» qui traînaient leur roi depuis Madrid jusqu'à
» Cadix, comme sous Louis XVIII? Non.

» Est-ce enfin pour purger l'Europe d'un re-
» paire de pirates, comme sous Charles X? Non,
» mille fois non.

» Quel est donc le motif pour lequel des mil-
» liers de Français sont tués devant la citadelle
» d'Anvers? Pourquoi tant de veuves et d'or-
» phelins portent-ils le deuil? pourquoi tant de
» familles en larmes? Pourquoi la France fait-
» elle la guerre à une nation éclairée, libre, en-
» nemie de toute espèce de despotisme, à un
» pays, le berceau de la civilisation, le refuge
» des *Merlin*, des *Thibaudeau*, des *Teste*, des
» *Arnault*, des *Lamarque* et autres proscrits?

» L'histoire impartiale répondra :

» Pour conserver leurs porte-feuilles, des mi-
» nistres français ont versé le sang de leurs com-

» patriotes; ils l'ont versé pour affermir le siége
» d'un préfet anglais placé à Bruxelles. Ils ont
» sacrifié les intérêts de leur patrie à un cabinet
» étranger qui a vu impassiblement la France
» sacrifier ses richesses et ses enfans, et qui, de
» son côté, n'a pas perdu un seul homme dans
» cette lutte sanglante. »

En effet : tout ce qu'il y a de noble, de grand,
de glorieux et d'humain dans cette campagne
appartiendra à l'armée française et au peuple
hollandais.

Mais l'odieux, qui voudra en faire son lot?
l'histoire l'assignera encore à qui il appartient.

Des souscriptions se sont ouvertes, en Belgique, en faveur des prisonniers hollandais; elles
se couvrent de nombreuses signatures, et ceux
qui n'ont pu voter pour les Nassau, qui n'ont
pu flétrir publiquement une administration
anti-nationale, protestent aujourd'hui, avec assez de force, en ouvrant leurs bourses à ceux
qu'ils n'ont jamais cessé de considérer comme
des frères.

La même chose a lieu en Angleterre, et nous
citons ici une lettre écrite par une dame anglaise
au journal du Standard, le 27 décembre 1832 :

« Monsieur,

» Vous feriez une chose agréable à un grand
nombre de vos lecteurs si vous annonciez une

souscription, limitée à cinq schellings, pour les veuves des militaires tués ou blessés de la garnison héroïque de la citadelle d'Anvers. Ce serait une preuve donnée à tout l'univers que le peuple anglais condamne dans cette occasion la conduite injuste de son gouvernement anti-national, et ce témoignage d'intérêt adoucirait le sentiment pénible d'indignation qu'ont dû éprouver nos anciens alliés, en voyant ce pays unir ses efforts à ceux de la France pour défendre la rébellion et s'emparer, sans égard pour le sang qu'il en coûterait, des forts de l'Escaut, qui sont la sûreté de la Hollande. Le ministère qui a imprimé cette tache au nom anglais apprendrait au moins, par là, que si l'horrible attentat dont Anvers vient d'être témoin a trouvé des approbateurs parmi nous, ce n'a pu être que parmi nos révolutionnaires.

» L. P... »

Valenciennes, le 20 janvier 1833.

Vous me demandez, mon ami, des particularités sur la capitulation de la citadelle d'Anvers; vous désirez ardemment, me dites-vous, connaître la dernière scène de cet acte d'injustice et de violence. Tant de détails ont été avancés et contredits sur cet événement, qu'il est difficile de vous satisfaire; néanmoins je vais essayer de vous donner le petit nombre de ceux *qui seront toujours vrais.*

Vous connaissez sans doute la réponse du général Chassé à la sommation du maréchal Gérard qui, en venant l'assiéger, cherchait, par une singulière anomalie, à repousser, pour les Français, la qualification d'ennemis de la Hollande; mais vous ignorez que Chassé savait positivement qu'il ne serait pas secouru, à moins qu'il ne survînt des événemens extraordinaires que rien ne rendait possibles. Il en avait prévenu sa garnison, en laissant la faculté de retourner en Hollande à ceux de ses officiers et de ses soldats qui ne seraient pas entièrement déterminés à endurer toutes les fatigues et les périls du siége; aucun d'eux ne voulut abandonner la défense du poste d'honneur qui leur était confié, sachant pourtant que tôt ou tard ils devaient succomber.

Cinq mille hommes dans une forteresse très-circonscrite ne pouvaient espérer de résister aux efforts d'une armée de 60,000 hommes dirigée par des officiers expérimentés, auxquels un succès était prescrit, quoi qu'il pût coûter. Un matériel immense, plus que suffisant pour réduire une place encore plus importante, accompagnait cette armée et devait être en entier employé contre la citadelle.

Léonidas, en défendant le passage des Termopyles avec 3oo hommes contre trois cent mille, avait-il l'espoir de vaincre? Non, sans doute; ami; mais il sentait que son dévoûment élèverait le courage de Sparte au plus haut degré d'exaltation et porterait ses citoyens à faire des efforts surhumains pour sauver la patrie du danger qui la menaçait.

Le général hollandais a été l'émule du héros de Sparte. Il a compris que sa résistance ajouterait encore, s'il était possible, à l'énergie si remarquable dont ses compatriotes donnaient des preuves; et l'expérience prouve déjà qu'il a bien jugé.

D'après tous les rapports, et à en juger aussi par les détonnations qui, pendant vingt jours et vingt nuits, ont retenti au loin, soixante à quatre-vingt mille bombes, boulets, obus de tous les calibres, et une innombrable quantité de balles, ont été tirés sur la citadelle assiégée. L'intérieur et les remparts étaient labourés, tous les édifices détruits. Ce n'était plus qu'un monceau de ruines; les vivres, l'eau potable commençaient à manquer. Il ne restait d'asile à la garnison que des souterrains, dont le séjour trop prolongé pouvait lui devenir plus funeste que le feu de l'ennemi; en peu d'heures la brèche allait être praticable.

Dans cette extrémité, Chassé crut avoir rempli son but. Il assembla son conseil de défense;

tous, un seul excepté, sur lequel je reviendrai, furent d'avis qu'ils pouvaient, sans démentir leurs sentimens, demander à se retirer. Le drapeau blanc fut arboré, et deux officiers furent envoyés au quartier français. Le maréchal Gérard dicta une capitulation que Chassé ne signa qu'avec la réserve de la ratification de son roi.

Ici encore, après avoir donné des preuves d'un courage admirable, Chassé et tous ses officiers montrent le plus beau caractère, le dévoûment le plus absolu à leur patrie. Tous se réunissent pour prier celui de leurs camarades chargé de porter au roi la capitulation, de supplier Sa Majesté de ne rien accorder à l'intérêt que leur conduite peut inspirer : « Annoncez au père de la patrie, disent-ils tous, que nous sommes résignés à subir la captivité la plus dure, si l'intérêt de notre pays le demande ! » Que pensez-vous de ces hommes, mon ami ? N'y a-t-il pas quelque ressemblance entre leur conduite et celle de Régulus retournant à Carthage ? Et ne serez-vous pas indigné, comme je le suis, contre des misérables qui, dans leurs feuilles menteuses, n'ont pas rougi de chercher à ternir la gloire de ces nobles guerriers ?

Honneur aux officiers français qui leur ont rendu une justice si éclatante ! honneur à leur magnanimité ! elle n'a surpris personne : la plupart de ces officiers ont servi sous Napoléon ; ils n'ont pas oublié comment ce grand homme savait rendre hommage au courage malheureux. Personne non plus n'a été surpris de la bravoure de l'armée française, mais on a été étonné de l'affectation avec laquelle on l'a vantée. Aurait-on craint que l'opinion ne fût disposée à la révoquer en doute ? Ou le trône de juillet aurait-il un tel besoin de gloire pour se soutenir, qu'il soit nécessaire de lui en prêter ? Ce qui est certain, c'est que sous Napoléon on racontait en termes simples les grandes choses. On vantait moins la prise de 40,000 hommes dans Ulm, et l'entrée des Français à Moscou, qu'on ne vante aujourd'hui un siége qui a fait autant d'honneur aux assiégés qu'aux assiégeans, auxquels il a coûté beaucoup de sang, et dont le succès est plus onéreux qu'utile au pays qu'on a jugé indigne d'y concourir, mais qu'on jugera très-digne plus tard d'en payer chèrement, *et avec justice*, les frais (1).

(1) La protestation de la Chambre des représentans belges contre notre intervention ; le peu de sympathie de la Belgique pour nos soldats ; le morne silence de ce royaume après notre victoire ; la joie causée par notre retraite ; le vote *à huis clos* d'une épée d'honneur au chef de notre armée ; la chute au sifflet de la proposition toute *française*, toute de *convenance*, que le monument de Waterloo fût détruit et remplacé par un monument de deuil, auraient

Je reviens maintenant à l'officier qui a refusé de signer la capitulation. Cet officier, c'est le capitaine Koopman. Il a dit qu'il avait des instructions particulières pour son corps, dont il ne pouvait s'écarter. Il s'est ensuite rendu à la Tête-de-Flandres, où, après avoir vainement tenté de trouver un passage pour sauver la flottille de canonnières qu'il commandait, il les a brûlées toutes ou coulées à fond, pour ne pas les rendre à l'ennemi.

dû préparer la France au refus que fera la législature belge d'acquitter les frais des campagnes de 1831 et 1832. Déjà la presse engage la polémique, et établit en fait : « que la Belgique n'ayant rien obtenu qu'un amas de rui- » nes, elle ne doit point payer les frais d'une guerre de » principe que la France a cru devoir engager pour prou- » ver qu'elle n'est point dégénérée. » Déjà, sous le titre de *Dévastation des propriétés aux environs d'Anvers*, circulent de violentes diatribes contre notre armée. Que la France dise *haut* et *promptement* pourquoi nos soldats ont dévasté pour *seize cent mille francs* de bois? car déjà les propriétaires des communes que nous avons occupées réclament cette somme comme légère indemnité. Qu'on y prenne garde ! dans un pays où les prêtres dominent, où l'état le plus prospère a fait place à la misère, où l'on cherchera des moyens pour la rejeter sur des causes étrangères, les *démolisseurs d'églises*, comme nous appelle la faction de M. de Mérode, absorberont avant peu tout l'odieux des maux qui accablent la Belgique; et ce peuple, stupide porteur d'adresses écrites par ses prêtres, dira après eux : *C'est aux démolisseurs d'église que le Belge doit ses maux!*....

Il faut, mon jeune ami, que j'essaie de vous peindre ce brave officier de la marine hollandaise; ou je me trompe fort, ou cette tête est destinée à orner une belle page d'histoire. Au physique, c'est le type du bel homme de guerre; au moral, il pourrait le disputer aux beaux caractères de l'antiquité.

La marine hollandaise l'idolâtre, et la troupe de terre l'envie à la marine.

Le siége était déjà commencé lorsqu'il parvint à s'introduire dans la forteresse avec quelques marins de ses équipages. Il ne prit aucun repos pendant la durée de l'action; on le trouvait partout; il se multipliait, et rien dans la défense n'était étranger à cette âme ardente, que le génie des combats paraît animer. Il combattit avec désespoir chaque article de la capitulation, et prétexta des ordres particuliers de son gouvernement, pour ne point la signer. Il réunit ensuite ses officiers de marine, et leur dit : « Amis, notre vieille patrie a besoin de nous » encore..... vivons !..... Je vous relève du ser- » ment que vous fites naguère d'imiter l'exemple » de Van Speyk. Montons sur notre flottille, » tentons le passage, et détruisons nos bâtimens » si nous ne pouvons passer sous le feu des » deux rives. »

Assumant sur lui la responsabilité de cet acte

énergique, il adressa à chacun des commandans des canonnières l'*ordre écrit* ci-après :

*Le colonel Koopman aux commandans des canonnières n*os *4, 5, 7, 8, 10 et 12.*

« Tête-de-Flandres, le 22 décembre 1832.

» Epuisée, privée de communication avec la
» Hollande, le moment approche où la citadelle
» doit se rendre. Il nous reste un devoir à rem
» plir, et je crois devoir vous le tracer. Votre
» dévouement au roi et à la patrie vous ren
» dront précieuse cette dangereuse entreprise,
» vos capacités et votre courage en assureront
» le succès. Préparez-vous à descendre l'Escaut !
» bientôt il ne sera plus temps ! Que le feu des
» deux rives n'arrête point votre marche. Si l'un
» de vos bâtimens était jeté sur le littoral du
» fleuve, assurez d'abord la vie précieuse de
» nos braves matelots ; ensuite enclouez les ca
» nons, détruisez ou submergez le bâtiment,
» afin que dans aucune circonstance il ne puisse
» tomber dans les mains de l'ennemi. Si la for
» tune favorise votre entreprise, ralliez-vous
» sous le commandement des forces du Bas-
» Escaut. Ici ce sont des Français qui nous com
» battent, nous n'avons donc plus à redouter
» les attaques de ceux qui portèrent leurs mains
» impures sur nos compatriotes désarmés. Je

» vous décharge donc du serment que vous
» m'avez fait d'imiter le noble exemple de Van
» Speyk.

    » Le colonel, capitaine de vaisseau, com-
» mandant devant Anvers les forces ma-
» des Pays-Bas,

                  » *Signé* Koopman. »

Noms des officiers de la marine royale des Pays-Bas, commandant les canonnières sous les ordres du colonel Koopman.

W. J. A. Schurt. . . . . canonnière n°	9
W. J. H. Allewaert.	7
J. Schroder.	4
G. H. Meesman.	8
W. J. Baars.	24
P. Bruining.	5
J. F. E. Van Romer.	10
H. Wipff.	11
R. P. Van Ouwnaller. . .	3
J. C. Pieterse.	12
J. C. Zillesen.	6

M. J. Middelbergh, bateau à vapeur Chassé.
M. P. F. Molière.
Chevalier H. W. A. Van Rappard, canonnière n° 1
Chevalier C. F. Gevers, adjudant du comman-
    dant Koopman.
      A. Hock.

A. A. M. de Gup.
E. Van de Velde.
R. A. H. Tollins Bennet.
P. W. Van Druten.
W. A. de Gelder.
L. J. Fuchs.
C. Kopler.
J. E. Kempe.

Le passage fut en vain tenté : l'horizon fut alors animé par un de ces spectacles uniques : des masses de feux projetaient dans l'espace des gerbes de flammes et éclairaient au loin les rives de l'Escaut. Ces gerbes, se réunissant au sommet, formaient d'immenses portiques, au-dessous desquels l'on voyait des hommes rouges courir en tous sens ; et puis une explosion terrible se fit entendre, et des masses noires projetées en l'air retombaient comme des aréolithes sur ces portiques embrasés.

La flottille était détruite, le personnel prisonnier.

Koopman est un homme de quarante ans environ, grand, bien fait, svelte ; sa marche noble, gracieuse, quoique fière, annonce l'habitude du commandement ; une figure douce, peu de barbe, de grands yeux bleus, doux, mais hardis. Tel est l'homme qu'on eût assassiné dans les rues d'Anvers sans la noble conduite d'une poignée de Français qu'on lui avait donnés pour garde.

Les drapeaux de la citadelle ont été brûlés solennellement, tous, excepté celui de la 10ᵉ division, en présence de la garnison et par elle; les journaux ont démenti avec raison ce qu'ils avaient dit de l'envoi de ces drapeaux à Paris par le maréchal Gérard.

Dans la visite que le maréchal, accompagné des princes français, a faite à la citadelle au général Chassé, n'a régné qu'embarras et pudeur. Liberté entière a été offerte à celui-ci de rentrer dans les provinces du Nord avec toute sa garnison et son matériel s'il voulait s'engager à ne pas servir pendant un an contre la France et la Belgique; il a répondu qu'il s'engagerait envers la France, mais qu'il ignorait ce que c'était que la Belgique comme royaume.

Telles sont, mon ami, les particularités les plus intéressantes sur la capitulation de la citadelle d'Anvers.

DE R........

VISITE

A LA CITADELLE D'ANVERS,

Le 26 décembre 1833.

> Ce fut pour appuyer l'*inquisition* dans les Pays-
> Bas et repousser la liberté civile, que voulait
> donner à la ville d'Anvers le prince d'Orange
> en 1568, que le duc d'Albe fit élever la cita-
> delle d'Anvers.... : c'est au nom de la religion
> catholique, sous le patronage clérical, que cette
> forteresse est arrachée aujourd'hui à la maison
> de Nassau.

J'étais parvenu au centre de cette forteresse, naguère si bruyante, sans avoir rencontré rien de remarquable, rien qui pût être analysé, car tout avait perdu sa forme primitive. Il y avait du *tout* dans ce *tout* brisé : l'on eût dit de l'atelier de ces nécromanciens du moyen-âge, posé dans un charnier, qu'une explosion vient de mêler à des cadavres et livrer à l'investigation de l'œil du profane. Les instrumens de mort ne dominaient plus ces plates-formes aiguës ; le canon les avait recouvertes de monceaux de chairs. Cette image de destruction était hideuse, mais elle ne répondait point à mon attente ; car l'ennemi avait riposté avec vigueur aux derniers coups de nos batteries. Où étaient donc les pièces qui combattaient encore lorsque le général Chassé demanda à capituler ? La terre remuée sur les blindages déguisait leur construction ; quelques trous çà et là, creusés par la bombe, permettaient à l'œil de sonder les cavités où étaient des canons entourés de cadavres. Une odeur fétide s'exhalait de ces tombeaux, où avaient combattu, en présence de leurs camarades agonisans, les derniers défenseurs de la citadelle.

Quelques murs encore debout, sillonnés par le feu, portaient jusqu'au faîte des traces de sang et des chairs que les projectiles y avaient cloués. Des têtes et des membres semblaient vouloir se dégager des décombres, et des cadavres, à moitié courbés, paraissaient conserver encore l'expression de l'effort qu'ils avaient fait pour se relever.

Une femme, portant le costume anversois, était accroupie ; elle tenait son tablier sur un objet qu'elle couvait des yeux ; je m'approchai d'elle : « Un demi-franc, » me dit-elle, « pour » voir........ Un demi-franc, » ajouta-t-elle encore. Je lui donnai une pièce d'argent........ *C'était la tête d'un sapeur, enterré jusqu'au cou, que cette mégère montrait aux curieux !* Aucune trace de blessure ne paraissait sur cette tête livide dont la fixité avait été augmentée par la pression de l'éboulement.

Je m'éloignai avec dégoût de cette malheureuse, placée, peut-être, dans la situation de craindre que la putréfaction ne vînt bientôt lui ravir l'objet de son industrie.

Des cartes en lambeaux; une mappemonde brisée, au sein de ce petit monde; des compas; des boussoles; des agrès de vaisseaux, et des cadavres de blessés que l'on n'avait pu transporter, engloutis sous des poutres coupées par le feu; deux têtes pour trois cadavres; des bras, beaucoup de bras autour des débris d'instrumens de chirurgie, et quelque chose qui avait été un homme, dont l'habit n'annonçait rien de militaire, accroupi, sans blessure apparente, la tête appuyée contre un mur lézardé.

L'ensemble:...... il n'y en avait point; rien ne pouvait s'accoupler, tant était de natures différentes ce qui avait surgi à la surface du lieu où erraient mes regards. De la paille sur laquelle reposait la moitié d'une vache et des bois calcinés autour des restes de cet animal que le feu n'avait point atteints; une malle brisée; des lambeaux d'uniformes, des épées rompues, paraissaient avoir été engloutis sous la chute du quadrupède, et cependant rien n'annonçait qu'il y eût eu un bâtiment au-dessus du lieu où ces restes informes gisaient.

Les parties de l'édifice encore debout menaçaient ruine ; les magasins, quoique blindés, avaient été atteints et traversés par nos boulets, et l'hôpital était criblé de projectiles, qui avaient dû achever des blessés, à en juger par leur direction.

Quelques casemates et quelques poternes avaient résisté. Mais quel aspect, grand Dieu !... dans toutes des cadavres mutilés, couchés sur la terre fangeuse, enveloppés d'un drap..... ils avaient fui l'hôpital pour venir chercher ces tombeaux.

J'errais sur cette destruction, fruit des combinaisons les plus savantes de la civilisation ; et je la comparais aux catastrophes de l'enfance des peuples. C'était pour la possession qu'on se battait alors : un champ qui pouvait nourrir une famille, de gras pâturages, des fourrures précieuses, enfin une dépouille matérielle, payaient les efforts du vainqueur, et la feuillée nouvelle effaçait bientôt les traces de carnage ; les animaux dont on se disputait la dépouille engloutissaient encore les restes du vaincu, et préparaient au vainqueur une plus belle proie à la chasse prochaine...... Mais ici la terre ne s'engraissera point des chairs qu'elle recouvre, car long-temps les monceaux d'armes qui les pressent combattront la destruction en aspirant les substances humaines. Ici des troupeaux ne viendront point brouter l'herbe savoureuse ; car l'algue marine, la ronce ou le lierre seront les seuls végétaux de ce triste séjour.

Volcan, puisant son aliment dans les passions des hommes, sa dernière éruption s'est-elle fait entendre ? ou réparera-t-on encore les bouches du cratère pour y jeter les nouveaux alimens d'un autre cataclysme ?

Je vis se dessiner au-dessus des murs lézardés qui couronnent l'Escaut, quelques nuages poussés par les vents de l'ouest ; leurs formes bizarres semblaient aux grandes ombres des maîtres puissans qui l'avaient dominé. Je vis aussi les nombreuses victimes dont ces voûtes souterraines avaient étouffé les cris, mêlées aux ombres des oppresseurs, venir applaudir à la destruction d'un témoin de la tyrannie du Démon du midi. Là le traître Alonzo qui l'avait vendue, et qui trouva la mort dans les supplices, au lieu des 20,000 ducats qu'on lui avait promis ; ici cette jeune et belle fiancée, qui, arrachée des bras de son amant mutilé, ne put, par ses prières, obtenir la mort, qu'après avoir servi à assouvir la brutalité du soldat ; ici encore, *Jarregui* et *Gerard*, fanatiques espagnols, les mains teintes du sang du prince d'Orange, semblent applaudir à la destruction du lieu où s'échauffèrent leurs fanatiques haines contre la maison de Nassau. Tour à tour dominée par

l'Espagnol, le Français, le Germain, encore le
Français, l'Anglais et le Batave, je vis disparaître
tous les principes qui y avaient dominé, et renverser ses fondemens quatre siècles après leur
érection, au nom de *cette même religion catho-*
lique qui, pour repousser la liberté civile et religieuse, les avait fait construire par les mains
des soldats du duc d'Albe. . . . .

. . . .

. . . .

La place avait conservé une forte odeur de
bitume; l'eau des puisards, corrompue par les
lambeaux de chairs, était déjà huileuse et ver-
dâtre. Les canons, en promenant leurs sphères
homicidessur le parquet de la citadelle, n'avaient
fait que changer de but de destruction : c'était
autour de ces petits puits que s'étaient traînés
des blessés et des mourans.... Et sans doute ce
soldat accroupi au fond de ce puisard, était
occupé à le déboucher pour étancher la soif de
ses camarades, quand le boulet logé sur son
tronc est venu l'écraser.

Des affûts, des caissons renversés, des harnais,
des armes et des roues brisées ; des habits et
des coiffures en lambeaux ;..... mais toujours des
traces de sang..... tout en est imprégné !.....

Je vis la casemate habitée pendant le siége
par le commandant de la citadelle. Quelques
armes brisées annonçaient qu'un militaire avait

habité ce cachot. Plusieurs bombes avaient frappé l'appui de la fenêtre..... et encore du sang dans cette chambre!... c'était celui du courageux vieillard qu'on avait empêché de mourir sous les débris de ce fort.

DE RICHEMONT.

Biographies

DU MARÉCHAL GÉRARD,

DU GÉNÉRAL CHASSÉ

ET DU COLONEL KOOPMAN.

LE MARÉCHAL GÉRARD.

Le comte Maurice-Étienne Gérard, né le 4 avril 1773, à Danvilliers, département de la Meuse (Lorraine), partit en 1792, comme volontaire, dans le bataillon de son département. Il fut fait officier à la bataille de Fleurus, et passa ensuite dans le 36ᵉ de ligne, comme capitaine. Bernadotte, qui commandait ce régiment, prit Gérard pour aide-de-camp, dès qu'il fut nommé général; et c'est sous ses ordres que Gérard, devenu son chef d'état-major, a successivement obtenu tous ses grades. Il fut nommé général de brigade en 1806, à la fin de la campagne de Prusse. En 1809, il fut employé dans la guerre contre l'Autriche, et se distingua le 7 mai au combat de Dorfars, en avant du pont de Lintz. A la bataille de Wagram, il commandait la cavalerie saxonne, qui eut une si grande part au gain de la bataille. Bernadotte fut demandé par la Suède pour régner sur cette nation. Faveurs, richesses furent offertes par lui au général Gérard pour le suivre. Exclusivement français, Gérard refusa tout du prince héréditaire, et préféra de servir la France, gouvernée par un chef dont il n'était point aimé, à dévouer son épée au service d'un roi, son ami le plus cher. En 1810, il fut employé en Espagne, où il servit avec distinction. En 1812, la guerre ayant éclaté avec la Russie, il fut placé dans la division du général Gudin. A l'attaque de Smolensko, il déploya des talens militaires, et le général Gudin, mortellement blessé, demanda sur son lit de mort, à l'empereur, que sa division fût confiée au général Gérard, comme seul capable de la commander avec succès. Nommé général de division, il se distingua le 9 août au combat de Valontina, et le 7 septembre à la bataille de Moskowa. Chargé de l'arrière-garde dans la retraite de Moskow, il sauva les débris de l'armée à Krasnow, ranimant pour la dernière fois, par son courage, celui des soldats français dompté enfin par les rigueurs du climat. Le prince de la Moskowa (Ney) fut chargé du commandement en chef d'une armée composée de soldats, mais où il n'y avait plus de guerriers. Le maréchal, se sacrifiant à sa patrie, choisit un second, le général Gérard. Ils firent donc les dispositions pour défendre Cowno, et conserver ce poste jusqu'à ce que les débris de l'armée eussent eu le temps de gagner Kœnisberg. Des troupes de nouvelle levée, arrivées de France, devaient défendre Cowno, déjà fortifié et armé des batteries. L'officier d'artillerie qui commandait à Wilna avait ordre de tenir le plus long-temps possible. Les conscrits prirent la fuite en voyant les lances des cosaques. L'officier français encloua ses pièces et se brûla la cervelle, pour ne pas abandonner son poste. Les deux généraux, instruits de l'attaque de l'ennemi, ne pouvant rallier les fuyards, et se trouvant seuls pour défendre la porte de Wilna, empêchent, par leur feu, les cosaques d'arracher les palissades. Les fusils des fuyards sont, pendant quelques minutes, leurs seules ressources; ils donnent ainsi le temps à de nouvelles troupes de reprendre ce poste important, qui aurait coûté à la France la perte de plus de dix mille hommes entassés dans les maisons de Cowno, où ils attendaient des fers, n'ayant plus la force de mourir. Le général Gérard ramena sur la Vistule les restes de la grande armée, et y servit sous les ordres du prince Eugène, dont il commanda l'arrière-garde jusqu'en Saxe. Chargé de défendre Francfort-sur-l'Oder avec 1,200 hommes, il fut cerné par un corps considérable; il sut s'y maintenir, brûla le pont sur l'Oder, et, après avoir refusé toute capitulation, il opéra sa retraite sur Dresde, où il arriva avec toute son artillerie, après avoir assuré le sort de tous les Français demeurés dans les hôpitaux, la ville de Francfort s'étant engagée, par une capitulation particulière avec l'ennemi, à faire évacuer, à ses frais, tous les blessés et malades sur Dresde. En 1813, à la bataille de Bautzen, le général Gérard commandait une division sous les ordres du duc de Tarente (Macdonald). Le duc de Reggio (Oudinot), commandant quatre divisions, s'étant fait battre, fut obligé de repasser la Sprée avec ses troupes. Ce mouvement rétrograde devait entraîner la perte de la bataille. Le duc de Tarente envoya l'adjudant - commandant Bourmont pour ordonner la retraite au général Gérard, qui, connaissant l'importance de ce mouvement, avait déjà fait ses dispositions pour l'attaque. Le brave colonel Labédoyère, qui commandait le 112e régiment, avait sollicité l'honneur d'être en tête de la colonne. Le général Gérard charge l'adjudant-commandant Bourmont de demander de suite au duc de Tarente de le faire soutenir par une division, et lui déclare que son parti est pris, et qu'il refuse d'obéir : il attaque donc avec sa division, chasse l'ennemi, reprend les positions perdues par le duc de Reggio (Oudinot), attaque de nouveau, bat l'ennemi sur tous les points, et la bataille, perdue à la gauche, est gagnée sur toute la ligne. A Golsberg, il commandait une division sous les ordres du général Lauriston. Celui-ci, qui venait d'être battu devant Tœplitz, envoya l'ordre de retraite au général Gérard, qui n'obéit point, parce qu'il s'aperçut qu'ayant en tête le général prussien Yorck, qui débouchait avec 30,000 hommes, sa retraite était impossible. Il se détermina donc à attaquer le général Yorck, avant qu'il eût achevé son mouvement, et son audace fut couronnée d'un entier succès. L'ennemi culbuté perdit cinq mille prisonniers, une partie de son artillerie, et la bataille de Golsberg fut gagnée. Trois coups de feu que le général Gérard reçut dans cette campagne ne lui firent point quitter l'armée. Il se maintint dans sa position à la bataille de Leipzig, avec des forces très-inférieures aux Prussiens, qui ne purent l'entamer. La campagne de France fut encore plus honorable pour lui : nommé général en chef, les affaires de Troyes, Nogent, Nangis et Mormant, ajoutèrent un nouvel éclat à sa réputation militaire. A Montereau-sur-Yonne, chargé de prendre le commandement du corps battu sous les ordres du duc de Bellune (Victor), il change de suite toutes les dispositions, rend le courage aux troupes, et attaque les Autrichiens et les Wurtembergeois. Pour décider l'affaire, il met pied à terre et charge, l'épée à la main, à la tête du brave 29ᶜ d'infanterie légère. Six mille prisonniers, l'artillerie, les bagages de l'ennemi, furent le prix de cette journée. Ce

fut le lendemain de la victoire de Montereau,
due surtout aux bonnes dispositions et à l'intrépidité de Gérard, que le traité de Chatillon
fut proposé par les puissances coalisées. Nommé,
en 1815, général en chef de la Moselle, qui devint quatrième corps de l'armée du nord, il
eut à soutenir à Fleurus tout le choc des Prussiens, et se battit pendant six heures avec des
forces très-inégales, dans le village de Ligny,
dont les Prussiens furent repoussés. Placé, le
18 juin, sous les ordres du maréchal Grouchy,
et en position à Wavre pour observer le corps
de Bulow, il reconnut de suite la faute de Bo-
naparte de s'être séparé d'un corps de quarante
mille hommes. Il engagea plusieurs fois le maréchal à le laisser marcher au secours de la
grande armée; mais il ne fut point écouté et la
bataille de Waterloo fut perdue. Dans la soirée
du 18 il fut atteint d'une balle dans la poitrine,
et se fit transporter à Paris. Lorsque le gouvernement provisoire eut capitulé avec l'ennemi,
l'armée reconnaissante nomma le général Gérard
un de ses commissaires pour défendre ses intérêts; n'ayant pu rien obtenir pour ses compagnons d'armes, il les suivit sur la Loire. Après
le licenciement de l'armée, il rentra à Paris. Les
officiers et les soldats y conservent la mémoire
des conseils qu'il avait donnés et qui n'avaient
pas été suivis à Waterloo; et les regrets des

braves restèrent attachés à son nom. Le gouvernement lui ayant conseillé de s'éloigner, il demanda des passeports pour le royaume des Pays-Bas. Après y avoir établi pendant près d'une année sa résidence, dans une terre auprès de Bruxelles, où il a épousé, en juin 1816, mademoiselle de Valence, fille du brave général de ce nom, il s'est empressé de rentrer en France aussitôt qu'il apprit, par l'ordonnance du 5 septembre 1816, qu'on songeait à mettre un terme au règne des proscriptions. Cher à ses amis, qui furent toujours ceux de la patrie, Gérard s'était retiré au sein de sa famille et d'une honorable indépendance, dans une terre auprès de Paris, lorsqu'il a été compris, à la fin de décembre 1818, dans le nouveau travail sur la disposition de l'état-major général de l'armée.

Le général Gérard fut nommé, en 1827, membre de la Chambre des représentans : il vota constamment avec l'opposition. Pendant les journées de juillet, il fut chargé dès le 28 au matin de faire partie d'une commission qui devait aller déposer aux pieds du trône les doléances des députés réunis à Paris. La nomination de cette commission n'eut pas de suite. Le 29 au matin, pour encourager la résistance du peuple, les patriotes avaient imaginé de proclamer partout qu'un gouvernement provisoire venait de se former, et que le général Gérard en faisait partie avec MM. Lafayette et de Choiseuil. Ce gouvernement fictif était censé réuni à l'Hôtel-de-Ville. Chaque fois qu'on venait demander un de ses membres, les sentinelles répondaient : « On ne passe pas, le gouvernement délibère. » Le 29 à midi, le général Gérard accepta un commandement de la force armée sous les ordres du général Lafayette, et il parcourut avec le général Pajol les rues de Paris, afin de tout disposer pour repousser l'attaque générale, à laquelle on s'attendait encore de la part du corps d'armée du maréchal de Raguse.

C'est depuis la révolution de juillet que M. le comte Gérard a été élevé au grade de maréchal de France.

Napoléon faisait grand cas des talens militaires de ce capitaine : « Si j'avais, lui disait-il après les désastres de 1813, bon nombre de généraux comme vous, je croirais nos pertes réparées et me considérerais comme au-dessus de mes affaires. »

Plus tard, Napoléon dit encore à Sainte-Hélène (décembre 1816) : « Les généraux qui semblaient devoir s'élever, les destinées de l'avenir, étaient Gérard, Clausel, Lamarque ; c'étaient mes nouveaux maréchaux !... »

LE GÉNÉRAL CHASSÉ.

David-Henri baron de Chassé, descendant d'une famille originaire de France qui se fixa en Hollande à la suite de la révocation de l'édit de Nantes, naquit à Thiel (Gueldre) le 18 mars 1765; son père était major au régiment de Münster. Il entra au service des Provinces-Unies, en 1775, comme cadet; fut nommé lieutenant en 1781, capitaine en 1787, lieutenant-colonel en 1793, colonel en 1803, général-major en 1806, et lieutenant-général en 1814. Après la révolution de Hollande en 1787, pendant laquelle il s'attacha au parti des patriotes, il s'expatria et prit du service dans les armées françaises, où il obtint, en 1793, le grade de lieutenant-colonel. Il se distingua aux batailles de Monpueron, de Stad et Hooglede; rentra dans sa patrie, en 1795, avec l'armée de Pichegru, et la quitta bientôt pour faire la campagne d'Allemagne en 1796, sous les ordres du général hollandais Daendels. Les Anglais ayant fait, en 1799, une descente sur les côtes de la Hollande, le colonel Chassé commanda un corps de chasseurs hollandais qui se battit pendant plusieurs heures avec acharnement contre les troupes anglaises beaucoup plus nombreuses. Cette campagne étant terminée, il partit pour faire celle d'Allemagne. Il assista au siége de Wurtzbourg ; reprit une batterie sur les Autrichiens, et fit quatre cents prisonniers à l'affaire du 27 décembre 1800. Il servit dans la guerre contre la Prusse, en 1805 et 1806, sous les or- du général belge Dumonceau. Mais c'est surtout dans la guerre d'Espagne que le général Chassé se fit remarquer et donna des preuves de la plus grande intrépidité, ce qui lui mérita, parmi les soldats, le nom de *général baïonnette*, à cause de l'usage fréquent et heureux qu'il fit de cette arme. Pour récompenser les services qu'il venait de rendre, le roi Louis Napoléon le créa baron, avec une dotation de 3,000 florins sur les domaines, et le nomma commandeur de l'ordre royal de l'Union. Pendant les six années qu'a duré cette guerre meurtrière, le général Chassé est toujours resté en Espagne, et s'est trouvé aux batailles de Durango, de Missa, d'Ibor, de Talaveira de la Reyna, d'Almonacid, où il contribua puissamment au succès de cette journée, d'Ocana et du Col de Maja, dans les Pyrénées, où il sauva le corps d'armée du comte d'Erlon, à la tête des 8ᵉ, 28ᵉ et 54ᵉ de ligne et du 16ᵉ d'infanterie légère. La décoration d'officier de la Légion-d'Honneur fut la récompense de ce fait d'armes, et le duc de Dalmatie (Soult)

demanda pour lui le grade de lieutenant-général, qu'il a obtenu en quittant le service de
France. Napoléon le nomma baron de l'empire
par décret du 3o juin 1811. Au mois de janvier
1813, il reçut l'ordre de partir en poste avec ses
quatre régimens pour aller rejoindre la grande
armée aux environs de Paris. Le 27 février il
attaqua, avec les débris de ses régimens, une
colonne de six mille Prussiens, soutenue par
une batterie de six pièces de canon, en position
sur un plateau près de Bar-sur-Aube; et après la
retraite de l'infanterie il soutint à trois reprises
les attaques les plus opiniâtres de la cavalerie.
Il fut blessé à cette affaire, et dans les deux campagnes de 1813 et 1814 il eut trois chevaux tués
et deux blessés. Il rentra dans sa patrie après la
première capitulation de Paris; le prince souverain de la Hollande l'admit dans son armée,
le 21 avril 1814, avec le grade de lieutenant-
général. A la bataille de Waterloo, en 1815,
le général Chassé, voyant la vieille garde
impériale se diriger sur une batterie anglaise
qui avait interrompu son feu faute de munition,
fit avancer au galop l'artillerie volante sous les
ordres du major Vandersmissen, laquelle força
les assaillans à se retirer en désordre, laissant
le plateau de Mont-Saint-Jean couvert de morts
et de blessés. Il sut profiter de cet avantage pour
exécuter, avec quelques bataillons belges et

hollandais, une charge à la baïonnette, qui, coïncidant avec le mouvement général de l'armée anglaise dans ce moment, eut le résultat le plus complet. Wellington a reconnu, par une lettre rendue publique dans le mois de juillet suivant, le service rendu par cet officier général dans cette circonstance.

Depuis lors le général Chassé fut placé à la tête du quatrième grand commandement militaire dont le quartier-général était à Anvers. Il est aujourd'hui général d'infanterie (le grade le plus élevé après celui de feld-maréchal), grand'-croix de l'ordre Guillaume, et officier de la Légion-d'Honneur.

Le commandant en second de la citadelle est le général Favauge, belge de naissance, et dont le frère commande en Hollande la deuxième brigade de la première division de l'armée mobile. Ce général, qui passe pour un des officiers les plus décidés de l'armée hollandaise, était à Liége, avant la révolution, colonel de la 11e division d'infanterie. Lorsqu'il se trouva à la tête de son corps enfermé dans la citadelle de Liége, il ne cessa d'insister sur la nécessité de prendre l'offensive contre la ville, et si ses conseils avaient pu prévaloir sur les irrésolutions du général hollandais Van-Boecop, Liége aurait pu avoir de grands désastres à déplorer.

LE COLONEL DE MARINE KOOPMAN.

Jean-Conrad Koopman, né le 21 mars 1790 à Amsterdam, entra au service dans la marine batave en 1803. Les Anglais, maîtres de la mer, croisaient alors pour empêcher la réunion des flottilles qui devaient opérer la descente; l'amiral Verhuell trompa leur vigilance, et la flottille de l'Escaut qu'il commandait, sur laquelle le jeune Conrad était embarqué comme aspirant, fit sa jonction avec celles qu'on armait à Boulogne, Ambleteuse, Calais et Dunkerque.

Koopman annonçait déjà qu'il serait un jour l'honneur de sa patrie. Courage, activité, aptitude, calme, élan dans les circonstances difficiles, noblesse dans les procédés, bonté pour ses matelots : telles étaient les qualités dominantes du jeune aspirant. Il se distingua dans plusieurs engagemens contre les Anglais, et après la dispersion de la flotte, il revint en Hollande, où il fut nommé lieutenant de 2e classe : c'était en 1808; Koopman n'avait alors que dix-huit ans. En 1813 il commandait une compagnie de marins au siége de Noarden, où il se distingua encore. Nommé lieutenant de vaisseau en 1816, il montait le brick *la Daphné*, lorsqu'à hauteur des Antilles, il força un brick américain insurgé, de force supérieure, de relâcher une riche prise espagnole.

Nommé commandant en second de la frégate *Van-Der-Werf*, en 1821, il prit une part fort active à la conquête du royaume de Palembang, et c'est à son intrépidité que l'on dut dans cette conquête la capture d'une batterie de cent pièces d'artillerie près de Sumatra. Quoique blessé dans cette campagne, il fut choisi pour porter cette nouvelle en Europe, où il reçut des mains de son roi l'ordre de Guillaume de 4ᵉ classe, le grade de lieutenant de frégate, et peu après celui de capitaine en second du vaisseau amiral dans la Méditerranée. Le directeur actuel de la marine des Pays-Bas avait son pavillon sur le vaisseau où était le capitaine Koopman, lorsqu'un matelot tomba à la mer. Koopman, n'écoutant que le sentiment de l'humanité, se précipita tout habillé dans les flots, du haut du couronnement du vaisseau de 80 qui était sous voile, et fut assez heureux pour sauver ce marin.

Le roi Guillaume reconnut cet acte de courage par le don qu'il fit d'une médaille d'argent au brave Koopman, et la marine hollandaise par l'amour qu'elle porte à ce chef.

Nommé commandant de la corvette *la Comète*, en expédition pour les Indes orientales, il rendit à sa patrie d'importans services dans les îles

Moluques en 1828. Il rentrait des Indes et était encore en mer, lorsqu'il reçut l'ordre de remonter l'Escaut. Contraint de répondre à l'attaque des Belges lors du bombardement d'Anvers en septembre 1830, il sut concilier sés devoirs avec les droits imprescriptibles de l'humanité. Ce fut à son bord qu'un officier de la marine royale fut tué. Il fut dans ces circonstances nommé par le roi des Pays-Bas chevalier du Lion-Belgique.

Nommé peu de temps après chef d'état-major des forces maritimes de l'Escaut, qui ressortissaient du commandement du baron Chassé, ce fut à sa médiation que la ville d'Anvers dut de n'avoir point été punie des nombreuses agressions dont la garnison et ses habitans s'étaient rendus coupables envers les forces de la citadelle. Envoyé en parlementaire à Anvers dans des circonstances difficiles, il sut imposer des conditions si justes et si équitables au gouvernement insurrectionnel, que leurs strictes observances ont sauvé la ville d'un second bombardement que des provocations nombreuses n'auraient que trop justifié. Le roi lui prouva sa haute satisfaction, dans cette circonstance, en le nommant commandant supérieur des forces maritimes de l'Escaut, qui ressortissaient du gouvernement de la citadelle. Quelque temps après il fut nommé capitaine de vaisseau.

Lors des événemens du mois d'août 1831, qui avaient amené le prince d'Orange sous les murs de Bruxelles, le capitaine Koopman, près de Rupelmonde, détruisit la flottille belge et chassa l'ennemi des deux rives de l'Escaut. Il fut, après cette campagne, élevé au grade de chevalier de l'ordre de Guillaume de 3e classe.

Nommé par le roi membre du conseil de défense de la citadelle d'Anvers, sa conduite fut au-dessus de tout éloge. Forcé par d'inouis revers de livrer aux flammes sa flottille, il n'hésita point, dans deux périls égaux, celui de déplaire au roi et de braver le courroux du vainqueur : il trancha par cet acte énergique un des nœuds les plus importans des affaires ; car le désir d'arracher à la Belgique une flottille respectable aurait peut-être engagé le roi des Pays-Bas à céder les forts sur l'Escaut : en détruisant la flottille, Koopman assura la possession de ces forts à la Hollande.

La nation tout entière et son roi ont approuvé la conduite du brave Koopman.

CONCLUSION.

CONCLUSION.

Tout ce qui s'est passé sous nos yeux pendant notre séjour en Belgique nous a fait un devoir de rechercher quelles sont les causes de mécontentement du peuple ; et nulle part il n'est aussi facile de les énumérer, puisque leur programme est affiché dans la chaumière comme dans le château, dans la ville populeuse comme dans le plus petit bourg, dans celles qui vivaient d'une industrie locale ou étrangère, ou du produit du sol.

Nos regards se sont d'abord portés sur les sommités gouvernementales, et nous n'avons trouvé au timon de l'Etat que des mains impures ou incapables.

Dans l'armée, la nullité ou la trahison nous ont paru gouverner ces masses d'ouvriers enrégimentées que l'Etat paie dans les proportions ci-après :

Le soldat belge comme un sergent français ,

Le sergent comme un sous-lieutenant,

Le sous-lieutenant comme un capitaine ,

Le capitaine comme le chef d'escadron ou
   major,

Le major comme un lieutenant-colonel,

Le lieutenant-colonel comme un colonel,

Le colonel comme un général de brigade,

Le général de brigade comme le général de
   division,

Le général de division comme un maréchal
   de France.

Nous avons cherché dans cette armée des officiers spéciaux indigènes, et voici ce que nous avons trouvé :

Etat-major général de l'armée belge :

Officiers français. 24
Officiers polonais. 4
Officiers belges. 4

————

      32

Dans l'administration de la guerre nous n'avons vu qu'ignorance ou duplicité native, sous M. Charles de Broukère ;.... gaspillage déhonté envers la nation belge, perfidie et trahison envers nous, sous l'administration du baron Evain (1).

(1) La conduite du général Évain dans cette campagne est digne en tout du peuple qui l'a adopté. Ce ministre, âme damnée de M. Félix de Mérode, a entravé notre expédition par son ignorante parcimonie, et nul doute que nos tranchées n'eussent été ouvertes beaucoup plus tôt si nos

Nous avons parcouru les rangs du soldat, et voici ce que nous y avons aperçu :

Fort belles troupes ; magnifique cavalerie ; monde de domestiques suivant de brillans états-majors ; *espionnage* organisé dans chaque corps,

soldats n'eussent manqué de tout à Berchem. L'artillerie, dont les travaux furent rendus si difficiles pendant les premiers jours, où l'eau tombait à torrens, eût profité des journées de beau temps des 26, 27, 28 et 29 novembre pour établir ses batteries, et elle n'eût pas eu deux pieds de boue dans les chemins, ce qui nous contraignit à mettre jusqu'à 20 chevaux et 50 hommes pour conduire les pièces. La confiance du maréchal Gérard dans le gouvernement belge sera toujours sa justification ; tandis que cette confiance, trahie par notre allié, sera sa honte éternelle. Jamais les Français n'oublieront qu'un ministre de la guerre, Français de naissance, s'est fait Belge pour livrer à discrétion ses anciens compatriotes à tous les maux qui n'atteignent ordinairement que les armées des peuples barbares ou celles fatiguées par de pénibles marches.

Sans le courage plus qu'humain de notre jeune armée, l'expédition était compromise. Sans son admirable discipline, elle eût compromis l'honneur de cette campagne en ravageant le pays, puisqu'on laissa des régimens 36 heures sans manger. Sans cette admirable subordination, elle n'aurait jamais souffert que ses frères blessés fussent transportés à 20 lieues de là pour recevoir des soins, quand une ville de 70 mille âmes était sous son canon. Gloire donc à l'armée française, elle a prouvé à l'Europe que la liberté peut s'allier à l'ordre ! Paix à la Belgique.... mais honte éternelle à son gouvernement !

partant du colonel, descendant aux cantinières ; et ce *véhicule* de sécurité pour l'Etat, puisant son aliment dans le cabinet du roi Léopold, nous a paru le seul lien qui tînt compactes ces troupeaux belliqueux.

La pensée du soldat nous a paru rationnelle et découlant des faits qu'il a sous les yeux.

Celle des officiers, ressortant de la position du pays, nous a paru pénible et bien difficile, soit par les antécédens qu'on peut leur reprocher, soit par le peu de confiance que leur imparfaite instruction doit inspirer aux troupes, soit encore par les brigues et les cabales contre lesquelles quelques-uns ont à lutter.

L'on compte dans l'armée belge trois espèces d'officiers :

Les premiers ont servi dans l'armée hollandaise.

Les seconds, venus à la suite des événemens de septembre, sont sans capacités aucunes ; ouvriers, pour la plupart, avant ces événemens, des douzaines par régiment ignorent jusqu'aux premiers principes de l'instruction, et préfèrent l'estaminet à l'étude de leur métier.

Les troisièmes enfin sont les officiers français incorporés dans l'armée belge pour l'instruire et la discipliner.

Aucune espèce d'harmonie n'a pu s'établir entre ces trois fractions de chefs de troupes.

La première est nommée *orangiste* ;

La seconde, *incapable;*

La troisième, *carliste* ou *gauloise.*

Un officier du 2ᵉ chasseurs, stationné à Turnhout, fut destitué parce que deux chasseurs avaient passé aux Hollandais avec armes et bagages, et que les soldats attribuaient cette désertion à l'*orangisme* de leur capitaine.

Huit officiers du 10ᵉ régiment ne savent pas lire, et les rapports sont écrits et signés par des sous-officiers français. De l'aveu du ministre de la guerre, il n'y a pas six officiers par régiment qui connaissent le service de place ou de campagne. — Voilà pour les *incapables.*

M. le général Després, chef de l'état-major général, homme d'un grand mérite (bien malheureux de le prostituer pour une telle cause), entend tous les jours décliner son autorité par des majors de troupes : et l'on dit de lui, pour ne point obéir : Mais c'est un *carliste.*

La sévérité, les punitions aux infractions ne peuvent être introduites dans des corps où tout est éventuel, où l'on peut dire à un officier tout autre chose que « *vous êtes mon chef!* » où l'insubordination peut être colorée de patriotisme envers les officiers de la *première* et de la *troisième* catégorie, et où l'on peut raisonner ses devoirs avec ceux de la *seconde,* qui ne connaissent point les leurs.

L'armée belge, composée de 130,000 hommes, n'est point une armée, c'est une agglomération de parties hétérogènes, que tient réunies le véhicule d'une solde assurée. Tout porte à croire que la crainte des émeutes a fait enrégimenter tous les élémens de discorde que la faim, la misère ou l'oisiveté eussent mis à la disposition des agitateurs. Jamais le gouvernement belge ne compta se servir de l'armée pour étayer le trône : c'est un rempart entre lui et les factions; rempart solide dans ce sens, mais futile s'il fallait entrer en campagne, puisque le soldat est sans confiance dans ses chefs, et que ceux qui pouvaient le rallier au nom de *patrie* et *liberté* sont aujourd'hui à l'index (1).

Le belge est courageux, propre, patient; mais l'obéissance chez lui ne fut jamais le résultat de l'affection; il faut qu'elle soit arrachée : et comment l'obtenir quand ceux qui le commandent ont à triompher de tant d'accusations qui les écrasent ?

Je vois ici les généraux

De Chasteler ;

(1) Les hommes de la révolution, ceux qui l'ont cimentée de leur sang, ont été rayés des contrôles de l'armée. Objet de la frayeur du pouvoir, ils sont aujourd'hui les seuls capables et compétens pour sauver la Belgique ; et le brave général Melinet, s'il osait le vouloir, serait le sauveur de ce malheureux pays.

D'Hane de Stenuyse,

Daine,

Goblet,

Duvivier,

Goëthals,

et, consultant *le Moniteur* de septembre 1851, je vois, à la suite de tous ces noms, l'épithète de *traître*, *lâche*, *inhabile* ou *malheureux*.

Ils seraient tous malheureux aujourd'hui s'ils avaient à lutter contre l'armée hollandaise; car là la discipline, le dévoûment, le courage sont les liens du soldat; et tout ce qui donnerait du cœur aux lâches, appuyant ces vertus, comment la Belgique résisterait-elle au choc de son ennemie ?

Parcourez les routes de la Hollande : voyez d'abord ses frontières si bien couvertes, ses moindres routes éclairées. Et ici ce n'est point seulement vers la Belgique que sont prises de guerrières précautions : Nimègue est en état de défense contre la Prusse, et ses remparts gardés comme ceux de Maestricht.

Allez sur les routes : voyez ces colonnes toujours en mouvement, ces soldats au teint basané, à la tournure nomade, à la démarche aisée comme celle de nos voltigeurs. Voyez ces femmes portant des vivres; interrogez-les; demandez où et à qui elles portent ces vivres : « A mon frère; mon mari; mon amant; » vous répondront-elles, qui sont à la guerre.—Loin ? —A trente lieues... » Et c'est à pied qu'elles vont visiter leurs défenseurs ! !...

Voyez cet officier, il tremble... il souffre ; la fièvre le courbe sous sa pesante main : il ne quittera pas son poste, il est de grand'-garde. Voyez ce vieillard à cheveux blancs, la poitrine couverte de décorations que laisse voir sa capote grise entr'ouverte ; il a un fusil de munition à la main : c'est un vieux général de la République et de l'Empire, qui sert comme soldat dans la schuttery. Voyez ce jeune adolescent aux formes sveltes et délicates ; il brave aussi le froid, le pauvre petit, sous cette hutte de paille près de Bladel : qui est-il ? c'est le fils d'un riche armateur ou d'un secrétaire d'état hollandais. Voyez cet avide négociant, ce juif qui vend les mères de rois en France, là il cache la galle héréditaire sous l'habit du soldat ; et lui, qui n'eut jamais de patrie, veut être de celle de Van Speyk. Voyez cette femme, vieille et cassée, mais propre et joyeuse ; elle était bien pauvre avant que son fils allât à la guerre ; la nation l'a adoptée en retour du sang du prolétaire..... Voilà la Hollande !

Tout est nécessité en Belgique ; rien n'est obtenu du peuple par conviction.

La Belgique, nous l'avons montrée dans sa partie morale et gouvernementale ; voyons maintenant quelle est sa position physique.

Les fabriques, ruinées par la révolution de septembre, rejetèrent dans le commerce 150,000 ouvriers. L'industrie paralysée, il fallut employer ces bras, et la loi de la nécessité créa une armée qui devait fuir au mois d'août 1831 devant le prince d'Orange. La duplicité avait donc amené la chute de la maison de Nassau, et courbé la nation sous la main de prêtres factieux ; la nécessité aurait aussi, mais sans appel, sanctionné la chute du gouvernement insurgé, et rangé sous l'obéissance du roi Guillaume les débris d'une armée que la faim avait placée sous le commandement de révolutionnaires étrangers. Rien de national n'avait paru dans les champs d'*Hasselt* et de *Louvain* : c'était *l'industrie* battue par la misère, *que venait raviver le prince* D'ORANGE. En vain les énergumènes criaient-ils dans les rues de Bruxelles aux *réactions politiques*. Le peuple ne croyait point qu'elles dussent l'atteindre : il aimait au contraire cette douce violence dans laquelle il entrevoyait la fin de ses maux, et abandonnait avec insouciance, au courroux du vainqueur, ces hommes qui l'avaient égaré. Ce ne fut point à lui qu'on en appela, car il eût été sourd à de perfides voix : ce fut à la France !... Et cette puissance, qui avait refusé l'héritage de septembre, vint, dans un zèle mal entendu, consolider un état de choses qui devait, un an plus tard, en engloutissant dans les fossés d'Anvers d'héroïques enfans, lui montrer à découvert ce qu'avaient semé de haine dans les cœurs des Belges, contre nous, les bienfaits répandus pendant quinze années par la maison de Nassau.

Nous avons dit que la nécessité avait fait adhérer à la révolution de septembre des hommes bien intentionnés; il faut le supposer, à moins de croire que les Belges soient des imbéciles ou des lâches, car les chefs qui avaient secoué le joug de la Hollande n'avaient préludé au pouvoir que par le meurtre et l'incendie. C'était donc sa propriété ou sa tête que l'on voulait sauver en votant avec eux. L'exclusion des Nassau fut arrachée par la terreur, et ce fut là la grande faute du congrès national, faute sans laquelle probablement la France n'eût point marché en Belgique. La propriété trouva donc asile dans la révolution, lui paya son patronage; les lumières vinrent aussi se placer dans les Chambres pour neutraliser le mal qu'elles ne pouvaient plus combattre; et les voix qu'on nomme avec raison patriotiques eurent à demander, non des améliorations à l'ancien régime, mais des lois conservatrices des bienfaits obtenus pendant la réunion.

L'opposition s'est donc dessinée en Belgique d'une manière incomplète; elle n'a maintenant de drapeau *que celui de la peur* : il est en Hollande, son véritable drapeau, mais elle ne peut l'avouer. Son cri est : *l'industrie! le commerce! des débouchés étrangers!*.... elle est comme le matelot qui crie terre! terre! en quittant le rivage.

Le pouvoir ne s'est occupé, depuis la séparation, qu'à construire l'édifice social, s'en rapportant, pour l'avenir commercial de la Belgique, aux éventualités étrangères. Les voix du commerce éteint sont muettes ou n'ont d'organes que celles de l'opposition qui, en signalant le mal, ne peuvent montrer le remède, puisqu'il a été jeté violemment hors de la pharmacie politique du nouvel Etat.

Qu'on ne nous dise point que la haine profonde contre la maison de Nassau est le résultat du silence national officiel; cette absurdité ne pourrait être admissible que chez un peuple patriote : et les auteurs de la Saint-Barthélemy feraient promptement oublier au peuple brabançon le règne du Béarnais, si les Guises pouvaient donner au peuple une plus grande masse de bonheur que le meilleur des rois.

Que l'on se hâte en Belgique de raviver le commerce, que l'on étouffe les souvenirs de la prospérité dont ce pays jouissait pendant la réunion, ou que l'on craigne une révolution semblable à celle qui vient de s'opérer; car ceux qui gouvernent le peuple belge seraient des anges, qu'ils ne feront jamais que l'égoïsme froid et aride ne soit le type de son caractère.

Des villes entières sont désertes. Bruxelles, naguère si brillant, ressemble à un tombeau. Gand, où une seule industrie, celle des cotons, s'était élevée de 100 mille florins à 9 millions de florins dans l'espace de quelques années, verrait ses populations mourir de faim sans le secours que verse au commerce de cette cité Guillaume de Nassau..... Et ces cœurs se taisent ! pourquoi ? parce que la classe émancipée pendant la dernière réunion est vue ici par la classe prolétaire comme celle des métis émancipés dans nos colonies; parce que les fortunes furent trop rapides et la réunion trop courte, et que ces haines profondes représentent aujourd'hui le sentiment d'émulation d'autrefois; que les meneurs de la révolution ameutent le peuple contre ses anciens maîtres, sous prétexte qu'ils ferment leurs ateliers pour le pousser à la révolte. C'est ainsi que ces misérables font vivre la révolution, leur ouvrage, et que ceux qui sont attachés à la Hollande, je dirais par amour s'ils étaient Français, mais par cupidité puisqu'ils sont Belges, ne font rien pour secouer le joug qui les écrase... Et, honte éternelle! ils tremblent...... oui, à Gand,... ils tremblent de mettre leur nom sur une liste de souscription en faveur des prisonniers d'un peuple qui les nourrit.

La ville est en état de siége, il est vrai ; mais, à moins que l'état de siége ne soit destiné qu'à frapper l'homme reconnaissant, pourquoi craindre d'afficher des sentimens qu'on doit supposer aux Gantois, sentimens dont on n'étoufferait jamais la manifestation dans notre glorieuse patrie, dût un couperet abattre chaque main qui les signerait ?

Les Belges marchaient à la restauration sans notre nouvelle intervention en Belgique. La force des choses entraînant le gouvernement dans l'arbitraire et dans la banqueroute, il aurait fallu appuyer ces deux véhicules d'insurrection par l'armée, que sa composition place dans la situation d'obéir à qui la paiera. Le sort de cette armée est un sujet d'inquiétude lorsqu'on songe à sa véritable composition :... un personnel immense à payer sur le pied de guerre....., un sort affreux à la paix....; et alors la misère ou le crime sont les deux alternatives qui l'attendent.

L'armée est donc tout l'avenir de la Belgique : c'est elle qui donne la mesure d'une nationalité qui, pour faire vivre ses peuples, doit les enrégimenter et perpétuer le malaise de l'Europe, afin de déguiser à tous les yeux la plaie qui doit la ronger.

L'Espagne ne montra jamais la pauvreté sous de plus hideuses apparences qu'elle apparaît aujourd'hui dans cette Belgique naguère si heureuse. Des centaines de pauvres couchent sur les boulevards (1), exposés à toute l'intempérie de la saison. L'on ne peut faire un pas dans les rues de Bruxelles sans être assailli par des nuées de ces malheureux, nu-pieds, n'ayant en partie qu'un morceau de tapisserie pour couvrir leurs membres transis de froid ; des familles entières tendent la main à la pitié publique.

De nombreux enrôlemens se font cependant chaque jour pour dom Pédro.

La misère dans les habitations fait frémir. Ces ouvriers, naguère si heureux, couchent pêle-mêle dans des maisons, où ils payaient, avant la révolution, un florin par semaine. Chaque famille avait alors une ou deux chambres et toutes les *petites richesses de l'ouvrier.* Aujourd'hui, tel est leur état : cinq ou six familles se réunissent dans une de ces chambres ; les pères ne sortent point, nus qu'ils sont ; les femmes et les enfans vont mendier leur nourri-

(1) Une malheureuse, veuve d'un forgeron mort depuis un an, était, avec cinq enfans, sans asile. Une personne, pauvre aussi, lui donna le couvert pour quelques jours, et fut réclamer pour elle le secours de sir Robert Adair, son ambassadeur. Sir Robert ne voulut rien donner pour sa compatriote. Un ministre de la religion anglicane, demeurant au faubourg de Namur, fait remettre depuis cette époque cinq francs par semaine à cette pauvre famille, qui couchait depuis trois jours sur le boulevard lorsqu'elle fut rencontrée.

ture et, de grand matin, disputer aux animaux, dans les bourbiers que les domestiques jettent dans la rue, quelques débris de végétaux. Et encore le samedi l'impitoyable locataire vient réclamer le loyer....., et souvent une mère et cinq enfans en bas-âge vont augmenter le nombre des pauvres qui couchent dans les champs.

Toutes les familles riches ont abandonné les grandes villes, et cette cause, sans doute, augmente une misère dont l'aspect peut à peine se décrire. Quelques secours sont accordés par la régence et par la reine Louise. Mais que sont ces secours en raison des besoins (1)?

Ces faits sont connus. Veut-on savoir comment le pouvoir cherche à les déguiser au public? Ecoutons les journaux officiels :

« Les registres des monts-de-Piété ont présenté cette année moins d'inscriptions que l'année dernière !!..... La classe ouvrière jouit donc de plus d'aisance. »   (*Moniteur.*)

Mensonge stupide ! conclusion absurde ! Mais l'an prochain les inscriptions seront moindres encore ; car le mont-de-Piété ne prête point d'argent sur les haillons du pauvre !.... et le pauvre n'a plus que des haillons.

Ce concours d'étrangers, qui avait fait de

---

(1) Léopold a fait secourir dans le courant de l'année huit mille familles de ses deniers privés.

Bruxelles une ville si opulente, a tout-à-fait cessé. La rue de la Madelaine et celle des Fripiers ont seules conservé leur ancienne physionomie. Les hôtels sont déserts ; les membres du gouvernement vivent extrêmement retirés : ministres, sénateurs et députés logent en petites chambres garnies. Ces derniers font des économies sur les 400 francs par mois qui leur sont payés à raison de leurs fonctions de représentans. Que doivent faire alors les ministres au milieu du gaspillage du trésor belge, eux qui affectent de ne hanter que les cabarets ?

Aussi, des fortunes vraiment scandaleuses sont le résultat de quelques mois d'administration ; l'on évalue déjà à plusieurs millions celle du général Evain, directeur de la guerre ; celle de son devancier, M. de Broukère, est colossale ; et M. Van-de-Weyer, ambassadeur à Londres, fils d'un garçon perruquier (1) fort pauvre, jouit déjà de cinquante mille livres de rentes au soleil. M. Rogier, petit maître d'école de vil-

(1) Le père de M. de Van de Weyer vient d'être nommé juge d'instruction à Bruxelles. « Mais qui vous a autorisé à écrire ? disait ce magistrat, le mois dernier, à un détenu politique. — La révolution, sans laquelle vous seriez encore garçon perruquier, et S. Exc. votre fils mauvais saute-ruisseau, » lui répondit le prisonnier. Pauvre prisonnier ! il fut pour cela quinze jours au secret !…

lage avant la révolution, maintenant gouverneur de la province d'Anvers et ministre de l'intérieur, vient d'acheter une fort belle terre : l'on parle aussi beaucoup de la fortune de M. Lebeau, ministre de la justice.

Des petites fortunes parmi les administrateurs secondaires sont fréquemment citées, et la curée belge paraît intarissable.

Ce n'est que dans ce sens que la révolution a fait quelque bien en Belgique; et si ces messieurs ne s'étaient point donné le mot pour thésauriser, les affaires iraient beaucoup mieux ; mais l'exemple de presque toutes les victimes politiques qui, pendant quinze années, sont venues manger le pain amer de l'exil à Bruxelles, a tracé aux héritiers de la révolution de septembre une marche uniforme....; ils se précautionnent contre une des éventualités qui figurent parmi toutes celles étalées sur la route que doit parcourir le malheureux pays qu'ils dévorent ; et s'ils ont le sort du ministre espagnol qui vient d'aborder en France, ils auront, de plus que lui, la pitance du caissier infidèle qui fuit avec le trésor du maître qu'il a ruiné.

Il faut qu'une couronne ait bien de l'attrait, pour qu'un prince jouissant d'un sort honorable ait pu se décider à le troquer contre le triste privilége de présider à la ruine de quatre millions d'habitans qui ne lui avaient jamais fait aucun mal ! Mais ne sont-ils pas plus coupables ceux qui l'entourent, et qui osent traduire en chants d'allégresse les malédictions de tout un peuple ? Car la Belgique est unanime aujourd'hui : long-temps elle a gardé un silence imposé par tant de raisons ; mais aujourd'hui elle dit hautement sa pensée : et ce ne sont plus les inimitiés des novateurs qui poursuivent le cortége royal, c'est la voix de la misère publique, ce sont les angoisses de la faim, c'est le souvenir d'un bonheur passé, dont le gouvernement n'ose plus jeter *l'espérance* pour *largesse*, qui serrent le cœur du peuple déjà trop misérable pour pouvoir se révolter.

La Belgique, comme nous l'avons dit, marchait rapidement à la conclusion de ses affaires, lorsque nous mîmes le pied sur son territoire. Le ministère tremblait sous les coups que lui portait l'opposition, et bientôt, sans doute, la question *d'existence* allait être abordée ; car c'est cette question qu'on a repoussée jusqu'aujourd'hui, qui est le *to be or not to be* de la Belgique révolutionnaire. Les mots de *restauration*, de *démembrement*, avaient été prononcés à la tribune dans la dernière quinzaine qui précéda l'entrée de nos troupes, et ces mots *sacriléges*, impossibles à entendre autrefois, l'étaient avec calme, avec plus de complaisance, qu'*indépendance attachée à l'avilissement natio-*

nal et au vasselage étranger. Ces épithètes injurieuses avec lesquelles on accompagnait les noms de la maison déchue, avaient été remplacées par les noms propres dans les discussions parlementaires. Des mouvemens de peuple, des insultes au roi dans les rues de Bruxelles, avaient nécessité le déploiement de la force dans la capitale. L'armée, au moins indifférente, sinon hostile, des réunions clandestines de députés, des espérances hautement exprimées, les dents du pauvre se montrant dans un hiver rigoureux, un budget à obtenir par anticipation, des emprunts à contracter ; enfin, tous les embarras s'augmentant chaque jour, et minant l'existence factice qui ne peut se soutenir que par des catastrophes étrangères, le gouvernement de Léopold sollicita l'intervention française, sans laquelle un mois ne se serait point écoulé sans qu'il fût chassé de la Belgique.

Notre entrée trompa donc toutes les espérances ; car si une révolution était certaine, les résultats souhaités n'étaient point les mêmes pour ceux qui voulaient renverser. Les ennemis du gouvernement, nombreux dans l'armée, s'applaudirent de la froide réception qui nous fut faite, et du manque de vivres auquel nos troupes furent assujetties. Que d'espérances trompées par notre brave armée !.... Discipline, patience, courage, obéissance, respect à toutes les infortunes ! Nos soldats étalèrent aux yeux surpris toutes les qualités du citoyen réunies à celles de l'homme de guerre, et ce ne fut qu'après avoir bravé trente-six heures la faim que nos troupes osèrent prier les habitans de les nourrir, quand elles auraient pu commander.

Jamais position ne fut plus difficile pour des troupes auxiliaires traitées en ennemies par les deux contendans. Les Belges entravaient le service et nous calomniaient ; les Hollandais nous faisaient bravement la guerre. Les paysans, retranchés derrière nos propres baïonnettes, nous rançonnaient ; les militaires osaient venir stimuler nos officiers, et montrer leur impatience ; et les journaux nous disaient à chaque instant le code pénal que l'Europe nous appliquerait si nous osions bivouaquer sur le terrain conquis.

L'ennemi éternel de la France (1) venait nous empêcher de soigner nos blessés dans une ville sous notre canon ; nos généraux mentaient à l'Europe et insultaient à notre misère en parlant de la sympathie de la Belgique pour nous, et en annonçant les bons traitemens dont nous étions l'objet... et, dérision amère ! on nous lisait à nous les ordres du jour où ces faits étaient consignés.

(1) L'anglais. L'ambassadeur de cette puissance refusa l'entrée de l'hôpital d'Anvers à tous ceux qui n'avaient point une blessure équivalente à la perte d'un membre.

La stupidité de la diplomatie du camp que dirigeait M. Auguste de Taillenay ne peut se définir qu'en exposant le caractère de ce diplomate improvisé. Militaire, capitaine de cavalerie, avant d'appartenir aux affaires étrangères, M. Taillenay avait été attaché à la personne du général Belliard, et lui avait succédé à Bruxelles en attendant l'arrivée de M. de Latour-Maubourg, dont le dévoûment aux caprices de la valetaille de Léopold est assez connu. C'est donc ce capitaine de cavalerie qui, rédigeant les sommations, avait trouvé de l'analogie entre les siéges de 1746 et 1792 avec celui dont nous nous occupions. Nous croyons devoir donner ici un aperçu de ces deux faits d'armes.

HISTORIQUE

DE LA

CITADELLE D'ANVERS.

La citadelle d'Anvers, bâtie en 1568, est une des plus régulières et des plus fortes qui existent, d'après l'ancienne manière de fortifier. Elle est de figure pentagone, ayant cinq bastions qui se défendent l'un l'autre, bien terrassés et contreminés, avec des fossés larges et profonds qui en rendent les approches très-difficiles. Elle a 2,500 pas de circuit, et une seule porte, une belle place d'armes et de grandes casemates. Elle fut faite d'après les dessins de Paciotti, fameux ingénieur et architecte d'Urbin.

Les ouvrages, conduits par le colonel Serbelloni, furent achevés en moins d'une année de temps. Les soldats espagnols y travaillèrent aussi bien que les pionniers, et elle ne coûta pas moins de quatorze tonnes d'or, environ

8o,ooo,ooo de francs, dont la ville d'Anvers dut payer un tiers.

L'on est généralement d'accord pour assigner à cette formidable forteresse le rang d'une des plus fortes et des mieux bâties de l'Europe. Quelques-uns critiquent cependant son assiette, en ce que, située sur le rivage de l'Escaut, en face du Brabant, elle ne pourrait empêcher l'ennemi qui viendrait du côté de la Hollande, d'entrer dans la ville d'Anvers, tandis qu'elle eût pu le repousser, si elle eût été bâtie de l'autre côté de la ville vers l'embouchure de l'Escaut qui regarde la Hollande. D'autres défendent sa position actuelle, en disant qu'en élevant ce fort le duc d'Albe songea plutôt à s'assurer contre la ville, qu'à assurer la ville contre l'ennemi. Ils ajoutent qu'elle fut construite au midi, afin que les Espagnols pussent facilement faire arriver des secours de toutes les provinces d'alentour ; que ce doit être là la première considération de ceux qui bâtissent des forteresses, et que celle d'Anvers n'eût pas eu cette commodité si on l'eût tournée vers la Hollande. Toutefois on peut croire qu'on n'eut pas alors cette pensée, puisque la Hollande n'obéissait pas moins que le Brabant au roi d'Espagne ; il est plus juste de supposer qu'on a seulement travaillé pour la sécurité de la ville. En effet, la plaine qui conduit en Hollande est si basse, qu'il faut retenir les eaux du fleuve par des digues pour empêcher l'inondation ; on l'eût donc imprudemment bâtie dans un endroit où les ennemis eussent pu l'obliger aisément à se rendre en rompant les digues ; mais en la plaçant où elle est, la terre étant plus haute que l'eau, elle n'était pas sujette à cette incommodité.

Toujours est-il qu'on la considère encore aujourd'hui comme la plus belle et la plus forte citadelle du monde, et qu'elle a servi de modèle à toutes celles qui ont été bâties depuis.

Cette formidable citadelle était à peine terminée de quelques mois, que le prince d'Orange commença, avec une cinquantaine d'hommes braves et courageux, son immortelle entreprise de délivrer sa patrie du joug de l'étranger. A la tête de ce petit nombre de braves, il s'était jeté dans le Westerwolde, et s'était rendu maître du fort de Wedde, d'où, avec des renforts, il courut s'emparer des villes de Delfzyl et Appingadam. Ce furent là les premières hostilités et les commencemens d'une guerre qui dura quatre-vingts ans, et où l'on vit le courage et le patriotisme de la Hollande lutter victorieusement contre une des plus grandes puissances de cette époque.

Pendant cette guerre de quatre-vingts ans, l'histoire de la citadelle et de la ville d'Anvers commence à devenir remarquable.

Maître de la mer, le prince d'Orange tenta de s'emparer de la citadelle d'Anvers, en 1574, par un coup de main auquel devait concourir la flotte hollandaise. Pour mieux assurer son plan, il avait envoyé secrètement dans Anvers les capitaines *Jean Devos* et *Pierre Torqueau*, avec la mission expresse de mettre tout en usage pour faire réussir l'entreprise le 5 du mois de mars. Quatre à cinq cents braves, communément appelés *gueux de bois*, recrutés dans les forêts d'Ypres, en Flandre, étaient déjà introduits et cachés dans la ville, où on leur avait procuré des armes. La flotte devait appuyer l'attaque; mais quelques jours avant l'exécution, le plan fut découvert, Alonzo et quelques-uns de ses complices mis à mort; les capitaines Devos et Torqueau étaient parvenus à s'échapper avec la plus grande partie de leurs hommes.

Guillaume de Nassau, d'une tenacité sans exemple dans ses projets, peu de temps après ce premier échec, forma une seconde entreprise contre la citadelle: à l'aide de nouvelles intelligences dans la ville avec *Martin Neyen*, greffier de la chambre des comptes, un grand nombre d'hommes courageux et entreprenans étaient parvenus de nouveau à se cacher dans la ville. Le prince avait rassemblé près de Vissengen une flotte de soixante voiles, qui, après avoir monté l'Escaut jusqu'au-dessus de Lillo, devait, avec l'assistance de Neyen et de ses braves, s'emparer de la ville et de la forteresse. Le gouverneur Requescens eut vent de ce dessein, fit arrêter et punir quelques complices, parmi lesquels se trouvaient un grand nombre des principaux et des plus riches habitans. Plusieurs échappèrent au supplice par la fuite, ainsi que Neyen, qui se rendit en Zélande ; d'autres, en détruisant les soupçons qui planaient sur eux.

La guerre continua avec fureur ; le parti des révoltés s'agrandissait de jour en jour et se distinguait par des actes de courage et de bravoure dont on ne trouve des exemples chez aucun autre peuple.

Sous le gouvernement du duc Jean, les Etats de Hollande se rendirent enfin maîtres de la citadelle et de la ville d'Anvers. Depuis long-temps ils s'étaient aperçus que le duc Jean avait l'intention de recommencer la guerre, et après que celui-ci se fut emparé par ruse de la ville et de la citadelle de Namur, ils tournèrent leurs vues vers Anvers, dont la possession devait leur être si précieuse. Le 1er août 1577, ils parvinrent à attirer de leur côté, sous la promesse de payer l'arriéré de la solde, le corps d'armée qui occupait la citadelle, mais non sans y laisser quelques hommes. Peu de temps auparavant, un petit corps d'armée, sous les ordres de Corneille

Vanend, envoyé par Don Jean à Anvers, pour retenir en son pouvoir la forteresse, avait été défait, pendant la route, par le capitaine hollandais Devers, neveu de Champagnei. Aussitôt qu'on eut appris dans la ville l'intention d'augmenter la garnison de la citadelle, et, de l'autre côté, celle des Etats de s'en emparer, la population fut en émoi. La garnison allemande, craignant d'être surprise, se déploya en bataille et se fortifia dans la nouvelle ville, au moyen de barricades et de retranchemens. Le bruit d'un nouveau pillage se répandant dans la ville, toute la bourgeoisie fut en armes. On courut offrir à la garnison allemande une forte somme pour quitter la ville, mais en vain. Pendant ce temps, plusieurs négocians se rendent à la citadelle et offrent 150,000 florins pour quitter le château, en montrant aux troupes des bourses pleines d'or que portaient leurs commis. La vue de l'or fit sur l'âme vénale de ces mercenaires l'impression qu'on en désirait, et, mus d'un côté par la crainte d'avoir affaire à la bourgeoisie armée, d'un autre côté par l'espoir d'un butin, ils crièrent aux négocians qu'ils allaient quitter le château, mais qu'il fallait d'abord en parler à leur chef. Celui-ci hésita quelque temps; sur ces entrefaites arriva le soir; de loin on aperçut quelques bâtimens, qui, en montant l'Escaut, arrivaient sur la ville à pleines voiles. Le prince d'Orange, informé de l'intention des États, avait rassemblé quelques troupes sous les ordres du seigneur de Hautain, et, sur la première nouvelle arrivée d'Anvers, il avait fait embarquer ses troupes et ordonné à la flotte de se rendre dans l'Escaut pour appuyer le mouvement à Anvers. Cette flotte, arrivée à portée de canon de la forteresse, lâcha une bordée et tua quelques hommes. Aussitôt après il se prononça parmi les troupes une grande terreur; partout les cris: *Les gueux de mer sont là; ils arrivent les gueux de mer*, se font entendre; la peur s'empare de chaque soldat, on fuit en tous sens, on se heurte, on cherche à trouver des portes, et en quelques heures il n'y eut plus d'ennemis dans la ville. Ceux qui n'étaient point parvenus à s'échapper furent tués dans leur fuite. On ferma les portes sur les fuyards; la flotte débarqua, et le seigneur de Hautain fit son entrée triomphale dans la ville, qui lui fit don d'une chaîne en or. Ainsi tomba au pouvoir des Hollandais cette belle et grande forteresse, élevée contre eux par le duc d'Albe, et dont la possession était si importante pour la Hollande. Cette même année les habitans d'Anvers demandèrent aux États la permission de détruire ce fort qui leur avait coûté si cher et causé tant de craintes, d'alarmes et de calamités. Leur demande fut accordée, mais non exécutée; la statue du duc d'Albe qu'on avait retrouvée dans un coin de l'intérieur du fort, fut seule brisée en mille morceaux aux acclamations universelles du peuple. Alexandre Farnèse, prince de Parme, ayant succédé à don Jean d'Autriche dans le gouvernement des Pays-Bas, la guerre se ralluma de nouveau.

Ce grand capitaine résolut de reprendre la ville d'Anvers et sa forteresse, et à cette fin se présenta devant la ville le 2 du mois de mars 1579, et la menaça d'un siége. Son avant-garde, composée de 5,000 hommes, commandée par Don Octavio Gonzaga et Don Jean Delmonte, tomba sur un corps de 3,000 hommes de troupes hollandaises retranchées à Borgerhout, et les força de se replier jusque sous les murs de la ville, où il s'engagea un combat acharné, en présence du prince d'Orange et d'autres grands seigneurs qui s'étaient rendus sur les remparts. Quelque temps après le prince de Parme se porta devant Maestricht. Cette même année, le 28 du mois de mai, il y eut à Anvers une émeute à l'occasion d'une procession de catholiques: les protestans irrités, sans vouloir écouter ni les exhortations, ni les conseils, ni les ordres du prince d'Orange et des autorités, se réunirent, et ne se retirèrent que lorsqu'ils eurent forcé les moines, chanoines et autres prêtres du culte catholique à se retirer hors de la ville. Cet acte d'intolérance irrita beaucoup le prince, qui menaça la ville de déposer le pouvoir dont il était investi, si on ne permettait pas à quelques prêtres catholiques de rentrer dans la ville. Quelques-uns rentrèrent le 12 juin. Ce même jour fut publié, pour la première fois à Anvers, l'acte de l'union d'Utrecht.

Après l'union d'Utrecht, le roi Philippe II fut déclaré déchu de tout pouvoir dans les Pays-Bas, et les Etats appelèrent à la souveraineté de ces provinces le duc d'Alençon, frère du roi de France, Henri III, qui accepta et vint, en 1582, recevoir l'hommage de ses sujets.

Il débarqua le 10 du mois de février à Vlissinghen, inspecta quelques villes de la Zélande, et fit le 19 du même mois son entrée à Anvers, où il fut proclamé duc de Brabant et marquis du St.-Empire. Ce fut le prince d'Orange qui lui mit le chapeau et le manteau ducal, et le premier le salua duc. Le lendemain le nouveau duc prêta serment de maintenir les priviléges du peuple, et pendant son séjour en cette ville les autorités des villes voisines vinrent lui rendre hommage.

Ce fut la même année qu'un fanatique espagnol, nommé Jarregui, tenta, au milieu des fêtes de réjouissance de la ville d'Anvers, d'assassiner le prince d'Orange, et lui tira presque à bout portant un coup de pistolet à la tête. Heureusement la blessure n'était point mortelle, et le prince se rétablit pour tomber, deux années plus tard, sous le plomb meurtrier de Balthazar Gérard, autre fanatique espagnol.

Ainsi périt ce grand prince, qui fut le fondateur de l'indépendance des Provinces-Unies. Les historiens s'accordent à dire que c'était un homme de génie, actif, vigilant, profond, infatigable et d'une constance à toute épreuve. Il semble que ces qualités sont le caractère distinctif des Nassau.

Avant la mort du prince, plusieurs événemens remarquables se passèrent à Anvers. Les catholiques de cette cité obtinrent des autorités, par l'intermédiaire du duc, la liberté de pratiquer les rites de leur culte, et la concession du couvent de St.-Michel, à condition de prêter serment de fidélité.

Vers la fin de l'année 1582, le duc d'Alençon y avait convoqué les Etats, et obtenu 600,000 fl. de plus pour les frais de la guerre de l'année suivante.

Le duc, mécontent du peu d'autorité qu'il avait dans les Pays-Bas, résolut, sur l'instigation de quelques jeunes seigneurs français, aussi fougueux que capables de conseils violens, de s'emparer de vive force de l'autorité absolue. Il fut concerté de se rendre maître d'emblée de plusieurs villes, et des ordres furent donnés en conséquence. La surprise de toutes les villes fut fixée au 16 janvier 1583, à la même heure, et celle d'Anvers fut réservée au duc même.

Cette dernière entreprise eut lieu au jour déterminé; le duc dîna de meilleure heure que de coutume, pour aller voir un corps de ses troupes assemblé de longue main, et campé à Borgerhout. Aussitôt après son dîner, il y alla accompagné de toute sa cour : sous prétexte de cette revue, il était à cheval avec tous ses gens et ses gardes françaises et suisses; trois cents chevaux, détachés du camp, vinrent à sa rencontre sur le second pont-levis. Là s'éleva du désordre : un seigneur nommé Rochepot fit semblant d'avoir la jambe cassée; il cria au secours; c'était le signal; le duc défila avec une partie des siens vers le camp : tous les autres retournèrent en ville fort serrés et dans un désordre simulé; ils se saisirent de la porte et du corps-de-garde des bourgeois, dont ils tuèrent quelques-uns. Entrés en ville, ils allèrent par les remparts ouvrir une porte voisine, par où ils introduisirent encore du monde; ils tournèrent le canon vers la place et marchèrent en ville au nombre de plus de 3,000 hommes : ils commençaient déjà à piller en criant : *ville gagnée, tue, tue.*

D'abord on ne comprit rien à cette surprise, mais peu à peu on commença à tirer par les fenêtres et à tendre les chaînes; en moins d'une heure l'alarme devint générale : bourgeois, étrangers, militaires, femmes et enfans, les ouvriers avec les instrumens et les outils qu'ils avaient à la main, attaquèrent les Français; il se livra plusieurs petits combats très-meurtriers : enfin les Français, chassés de rue en rue, se sauvèrent par leur porte d'entrée, dont les bourgeois se réemparèrent; le reste sauta par-dessus les remparts, fut tué ou fait prisonnier; le duc vit cela sans distinguer si c'étaient les siens. Mais il en fut bientôt éclairci par les fuyards maltraités, et par le canon de la ville, qui tirait à force sur son camp. Comme on avait nommé dans le pays la *fureur espagnole* l'entreprise qui avait ruiné cette ville en 1576, on nomma celle-ci la *fureur française*. Anvers y fit quelque perte, mais elle ne fut pas comparable à la première. Les Français, à ce qu'on suppose, y perdirent plus de 1500 hommes; nombre des premiers seigneurs y furent tués ; l'évêque de Coutances, grand aumônier du duc, fut fait prisonnier avec Fervaques, Beaulieu, Chaumont et d'autres gentilshommes du premier rang.

Après avoir manqué cette entreprise, le duc, aussi malade de corps que d'esprit, se retira en France en 1583, où il mourut, après une longue maladie, dans la petite ville forte de Château-Thierri.

La retraite du duc d'Alençon, puis la fin tragíque de Guillaume de Nassau, permit au prince de Parme de continuer la guerre avec succès. Après s'être emparé de plusieurs points importans dans les Flandres et le Brabant, il résolut de pousser avec vigueur le siége d'Anvers.

Dès l'an 1584 il dirigea ses approches et commença par rendre difficiles les communications avec la ville. Il fallait lui fermer le fleuve de l'Escaut vers son embouchure. Pour y parvenir, il fit attaquer Lillo et Liefkenshoek; il les prit et éleva des forts et des redoutes, toujours à dessein d'embarrasser la navigation.

Lillo est situé à 3 l. N. N. O. d'Anvers, sur la rive droite de l'Escaut, vis-à-vis du fort de Liefkenshoek, et a été construit par les Anversois.

Liefkenshoek est un fort situé vis-à-vis du fort Lillo, sur la rive gauche de l'Escaut; il a quatre bastions et deux ravelins, et est entouré d'un fossé et d'une contrescarpe. Il y a une porte du côté du fleuve. Les environs peuvent en être inondés facilement. Il fût construit, en 1583, par les Anversois, pour couvrir le passage de l'Escaut.

Le projet du duc de Parme se dévoila de trop de manières pour qu'il fût un secret pour personne; il le communiqua à ses officiers-généraux, qui, pour la plupart, en trouvèrent l'entreprise trop hasardeuse; on lui représenta que, nonobstant qu'il fût maître de la campagne, il lui faudrait trois armées séparées, une de chaque côté de la rivière, et une troisième vers le Brabant, pour couper les vivres à la ville, avant d'en faire le siége.

Pendant qu'on s'y préparait du côté des Espagnols, les ennemis se réveillèrent. Toutes les meilleures troupes se rendirent à Anvers; on y envoya des munitions de bouche et de guerre en abondance : Philippe de Marnix, seigneur de Sainte-Aldegonde, le même qui ouvrit la scène aux troubles du pays, chez qui l'on signa le premier compromis, enfin ce confident intime du prince d'Orange lâchement assassiné à Delft, se chargea d'y commander et de la défendre.

Peu de temps avant la mort du prince, Sainte-Aldegonde, et Martini greffier de la ville d'Anvers, avaient eu avec lui une conférence secrète pour aviser aux moyens de défense en cas où le duc de Parme tenterait d'assiéger la ville. Dans cette conférence, le prince leur avait fait connaître qu'il était en mesure de pouvoir faire lever le siége, en cas qu'il eût lieu, au bout de deux mois; mais qu'ils devaient avoir soin, de retour à Anvers, de faire détruire la digue dite *Blaauwgarendyk*, depuis l'endroit où l'Escaut se divise en trois branches jusqu'aux terrains élevés de Bergen ; que, par ce moyen, il lui serait possible, ayant assez de profondeur dans le courant de Sieriekzee et d'Haringsvliet, d'amener une flotte par la digue de *kouwensteïn* jusque devant la porte d'Anvers. A son retour, Sainte-Aldegonde fit assembler les magistrats de la ville et les chefs du corps des métiers, pour leur exposer la nécessité de rompre le Blaauwgarendyk, et les autorités y avaient déjà consenti, quand le corps des bouchers, sous les plus spécieux prétextes, s'opposa à la rupture de cette digue, comme ne pouvant être d'aucune utilité pour la défense de la ville, et s'obstinèrent tellement dans leur opposition, qu'ils menacèrent les magistrats d'empêcher par la force la rupture de la digue. Les bouchers n'étaient guidés dans leur opposition que par un vil sentiment d'intérêt personnel, en ce que la rupture de la digue, devant inonder un pâturage où s'engraissaient annuellement plus de 12,000 bêtes à cornes, les aurait empêchés de jouir de cet avantage. Quand ils virent plus tard que la rupture de cette digue aurait pu sauver la ville, ils se repentirent, mais il n'était plus temps, l'ennemi s'était emparé de ce point.

En Zélande, on prépara des flottes; en Hollande, des troupes; tout ce qui tenait à la confédération se remua pour cette défense. Les puissances étrangères s'y opposèrent vivement. Cette entreprise était réputée si importante que son sort déciderait de celui des Pays-Bas.

L'automne de cette année se passa en préparatifs immenses de part et d'autre, et ce ne fut proprement qu'en 1585 que les grandes opérations se firent ; aussi furent-elles fréquentes et vigoureuses.

Le prince de Parme ne fut point détourné de son projet ; ni les persuasions, ni les conseils de ses généraux, ni les dangers qu'il voyait croître tous les jours ne l'ébranlèrent : toujours ferme dans son plan, il se fixa dans son camp de Bevere, d'où il ordonna tous ses apprêts.

Le siége d'Anvers se poussait toujours ; il s'y livrait des combats journaliers très-meurtriers. Strada, dans son histoire, donne un journal, qui semble très-exact, de tout ce qui s'est passé en actions mémorables durant ce fameux siége. Il fait une description du pont armé qu'on jeta devant la ville.

Ce pont merveilleux était au-delà d'Anvers, long de 2400 pieds, s'étendant de Calloo à Lillo, ou proche de ces endroits ; il avait une redoute ou tête fortifiée de chaque côté. Il y avait dans la rivière, vers Anvers et vers la mer, des ouvrages flottans extérieurs armés de poutres et de pieux ferrés ; le tout était porté sur des bateaux enchaînés, barricadés et assurés par des ancres qui laissaient la liberté de hausser et baisser les ouvrages, suivant le flux ou le reflux.

On avait travaillé long-temps et avec des dépenses incroyables à ce pont, qui était de l'invention du prince de Parme; les ingénieurs Borocci, Plato et Louis Cambien, flamands, dirigeaient les travaux; on en avait désespéré comme d'une chose impraticable; mais ce pont, par un succès inattendu, et à force de travail et d'argent, se trouva parfait vers la fin de février 1584.

Jusque là les Hollandais avaient remonté et descendu la rivière et fait le trajet malgré tous les obstacles; mais ce pont, construit et fortifié comme il l'était, ferma absolument la mer et l'embouchure du port d'Anvers.

Toute l'industrie des assiégés s'appliqua à le rompre : il fut insulté jour et nuit par des vaisseaux, des brûlots et des attaques du côté de terre. Un nommé Frédéric Gennibelli, mantouan, artiste industrieux, bon physicien et artificier du premier ordre, que Strada dit avoir été ingénieur en Italie, mais qui, selon Van Meteren, demeurait à Anvers, où il était marié et très-bien connu, offrit ses services aux assiégés : il choisit quatre grands vaisseaux plats à hauts bords, les fit maçonner à plusieurs étages, et en remplit le foyer d'une poudre particulière de sa composition ; le tout fut recouvert d'un poids énorme de pierres, de sarcophages, de poutres enchaînées et de ferrailles :

le tillac uni était une haute maçonnerie, où
brûlait un grand feu clair qui en occupait la
superficie. Ces quatre grands brûlots, accom-
pagnés de dix ou douze autres beaucoup plus
petits, mais enflammés de même, s'approchè-
rent du pont : les Espagnols se mirent sous les
armes à leurs postes et occupèrent tout le pont :
ils se disposèrent à repousser cette escadre de
brûlots sans s'en étonner beaucoup, car ils les
voyaient tous les jours. Les conducteurs, à
certaine distance, lancèrent dans le courant les
quatre grands brûlots, précédés et suivis des
autres, puis se retirèrent sur les chaloupes.

Au premier signal, le prince de Parme s'était
rendu avec plusieurs officiers généraux à un
fort de bois bâti à l'entrée du pont ; ils y virent
venir cette flotte brûlante, dont plusieurs bâtimens s'égarèrent. Trois des quatre grands se
perdirent dans la rivière ou sur les bords ; le
quatrième vint, accompagné de quelques-uns
plus petits, directement sur le pont : un ensei-
gne, un peu ingénieur, s'était mis à genoux
dévant le prince de Parme, pour le prier de se
retirer, lui assurant toujours qu'il y avait du
danger ; enfin le prince s'en alla avec les généraux Del Vasto et Gajetani.

Ils étaient à peine descendus et marchaient
vers le fort de Sainte-Marguerite, que ce vaisseau, engagé avec ceux du pont, creva : on

l'avait nommé la *machine infernale*, et l'effet justifia ce nom : jamais machine n'a causé un pareil désastre. L'éclat en fut épouvantable; on croyait que le monde allait s'engloutir dans un abîme ; tout fut renversé à plus d'une demi-lieue à la ronde; on sentit le tremblement de terre à neuf mille pas de distance; personne ne put rester debout, tous furent abattus ; le prince et ses deux généraux, renversés à terre, furent blessés par les pierres et les poutres qui retombaient comme une pluie. Le prince, évanoui, reçut une pièce de bois entre la tête et les épaules ; il se releva cependant bientôt : le fort de bois dont il venait de sortir fut enlevé; le marquis de Richebourgh, d'autres disent Roubais et Billi, y furent tués et leurs corps trouvés bien loin de là, avec ceux de tous les soldats qui garnissaient les ouvrages. Le fleuve, qui est plutôt un golfe dans cet endroit, découvrit son abîme et jeta ses eaux de part et d'autre avec tant d'impétuosité, que les forts, les redoutes et les digues furent submergés en un instant : l'eau passa fort au-dessus. Une de ces machines infernales, dérivée vers la côte de Flandre, y fit aussi un grand dégât; les autres coulèrent à fond sans effet. Si ces quatre brûlots eussent éclaté ensemble ou successivement près du pont contre lequel ils étaient dirigés, on peut juger que ce pont et tous ses environs en auraient été abîmés, et que la terre en aurait changé de face.

Ce terrible fait de guerre arriva vers le soir : la nuit se passa en alarmes; mais comme cette nuit ni le lendemain il ne parut ni attaque du côté de la Zélande ni sortie de la ville assiégée, le prince de Parme et ses troupes reprirent courage, et commencèrent à réparer le pont; car il y existait une ouverture de quelques toises : plusieurs bateaux étaient brisés, brûlés et enfoncés. On la répara par des estacades, et ensuite, à force de travaux, on parvint à empêcher le passage.

A Anvers et du côté des Zélandais, on avait su trop tard, pour en profiter, le succès du brûlot infernal. Gennibelli continuait à préparer d'autres machines; mais son travail fut suspendu quelque temps par un second projet, qui fut de secourir Anvers au moyen des inondations, comme on l'avait pratiqué au siége de Leide; il fallait pour cela s'emparer de la digue de Kauwenstein et la percer. Si dans le temps les bouchers d'Anvers, par un sordide intérêt, ne s'étaient pas opposés à la rupture du Blaauw-garendyk, il est probable qu'Anvers n'eût pas été pris de sitôt, et on serait peut-être parvenu à en faire lever le siége. Toutefois, quelque périlleux qu'était maintenant ce projet, il fut concerté avec les assiégés, et le 26 mai les Hollandais attaquèrent la digue, s'y établirent et parvinrent à la rompre en partie; les signaux s'étant brouillés, ils ne furent pas secondés à temps, et les Espagnols reprirent le dessus : il y eut une action sanglante, où périrent plus de deux mille hommes : à la fin les Hollandais furent repoussés de la digue, et les Espagnols s'y maintinrent et la réparèrent.

Cependant cette ville, à qui il restait quelques vestiges de son ancienne splendeur et opulence, se lassait de la guerre; elle avait ses factions. Dans quelques tumultes on demanda hautement la paix. Dès le mois de juillet, Sainte-Aldegonde et quelques députés avaient commencé à parlementer; ils firent encore d'autres voyages au camp des Espagnols; ces menées durèrent jusqu'au 17 août 1585, que la ville fut rendue. La reddition fut réglée au camp de Bevere, et le prince fit son entrée à Anvers le 27 du même mois.

Le sieur de Sainte-Aldegonde eut besoin d'amis et d'une justification pour se disculper en Hollande : on y prétendait qu'il pouvait tenir la ville plus long-temps et mieux s'y défendre; il perdit beaucoup de son grand crédit et de sa bonne renommée.

La reddition d'Anvers, dont le siége avait fait tant de bruit en Europe, où tous les yeux étaient attachés, eut de quoi exciter les réflexions des nations les plus éloignées.

Le nombre des volontaires et des spectateurs qui avaient assisté à ce siége, tant d'un côté que de l'autre, les divers incidens et les faits d'armes qu'on en rapporte, le font regarder comme un autre siége de Troie, tant on en a parlé et écrit.

La Hollande avait fait des sacrifices immenses pour conserver cette position importante. Cette perte eût été irréparable si le roi d'Espagne eût ouvert l'Escaut ; elle fut une des principales causes de la prospérité du commerce d'Amsterdam, qui s'enrichit dans peu d'années de l'industrie et des populations des Flandres.

Rien de remarquable n'eut lieu, si ce n'est quelques tentatives infructueuses des princes Maurice et Frédéric, fils de Guillaume Ier, depuis la prise d'Anvers jusqu'au traité de Munster de 1648 : traité dans lequel il fut stipulé qu'aucun gros navire ne pourrait à l'avenir aborder Anvers, mais déchargerait sa cargaison en Hollande, pour de là être transportée sur de petits bâtimens. Ces stipulations achevèrent d'anéantir le commerce et la prospérité de cette ville.

Le traité des barrières entre Charles VI et les Provinces-Unies, y fut signé en 1715, et en 1746 Anvers tomba au pouvoir de l'armée française que commandait le prince Maurice de Saxe, et qui, après cette conquête, s'empara en moins d'un mois de toute la Flandre zélandaise. A ce siége les Français commencèrent par s'emparer d'abord de la ville et ensuite de la citadelle.

Le 26 mai, M. le marquis de Brièze fut détaché de la grande armée avec un corps de troupes pour aller prendre poste dans la ville et occuper les avenues de la citadelle. Les forts d'Austruwel et de Saint-Philippe, sur le bas Escaut, où les ennemis n'avaient laissé que fort peu de monde, se rendirent à la première sommation.

Le 21 mai, le reste des troupes destinées à faire le siége arriva : le tout consistait en 28 bataillons et 18 escadrons de cavalerie.

Le 23 mai, M. le maréchal de Saxe fut, avec M. le comte d'Argenson, ministre de la guerre, reconnaître la partie de la citadelle qu'on se proposait d'attaquer. La nuit du 23 au 24 on ouvrit la tranchée sous la protection de onze compagnies de grenadiers et de trois bataillons commandés par un maréchal-de-camp ; on fit une parallèle dont la droite fut appuyée au chemin couvert de la porte St.-Georges, et dont la gauche déborda le bastion gauche de l'attaque, et fut terminée par une autre parallèle à celle-là, au centre par quatre grands zig-zags, et à la droite par la porte St.-Georges, Les travailleurs furent placés sur le terrain à dix heures et relevés à minuit ; ils essuyèrent fort peu le feu de la place.

La 2e nuit, du 26 au 27, on tira une seconde parallèle dont la droite fut appuyée en sautant de la communication gauche, et dont la gauche se termina au centre de la première parallèle; on communiqua de l'une à l'autre par deux zig-zags; on établit deux batteries de mortiers et une de canons à la gauche de la première parallèle; on en construisit une autre de canons à la droite de la deuxième parallèle; les ennemis firent un feu de mousqueterie assez suivi.

La 3e nuit, du 27 au 28, on poussa le long des glacis de la communication quatre zig-zags; on en poussa trois sur la capitale du bastion droit, trois sur celle de la demi-lune, et deux sur celle du bastion gauche, dont le second fut prolongé pour couvrir et envelopper la redoute; on construisit une nouvelle batterie de canons à la gauche de la deuxième parallèle. Le feu de l'artillerie ennemie sur les quatre batteries fut très-vif et bien dirigé.

La 4e nuit, du 28 au 29, on prolongea la sape de la droite : le feu de la place commença à diminuer.

La 5e nuit, du 29 au 30, les quatre sapés furent portées jusqu'aux palissades; les batteries ralentirent extrêmement l'ardeur de celles de l'ennemi, qui ne se firent presque plus entendre.

La 6e nuit, du 30 au 31, les ennemis ayant

abandonné le chemin couvert, on commença tout de suite le couronnement, qui ne put être achevé que dans le jour à sape pleine, à cause d'un feu des plus vifs qu'essuyèrent les travailleurs de nuit, provenant de la demi-lune et des bastions. Les Français se disposaient à établir trois batteries pour battre en brèche, lorsque M. de Piza, gouverneur, fit arborer le drapeau blanc.

Le 1er juin, la capitulation fut signée; la garnison obtint les honneurs de la guerre.

La ville fut évacuée par les Français en 1748, après la signature du traité d'Aix-la-Chapelle conclu le 18 octobre 1748.

Le siége de 1746 n'a donc aucune analogie avec celui de 1832, puisque la domination des assiégeans ne pouvait être que temporaire, et qu'en tirant sur la ville les Impériaux tiraient sur leurs frères; aujourd'hui, au contraire, le général Chassé, provoqué vingt fois par les habitans d'Anvers, a traité la ville comme le fit M. de Piza en 1748. Honneur donc à Chassé! honte à la *diplomatie ignorante*, qui a placé dans la bouche d'un maréchal de France une absurde citation faite pour ajouter à la gloire de nos ennemis et couvrir de ridicule des chefs qui se laissent *remorquer par elle!*

SECONDE PÉRIODE.

SIÈGE DE 1792.

Depuis le traité de Munster, si fatal et si désastreux au commerce d'Anvers, cette ville naguère si riche, si belle, si puissante, ne fit que décliner de jour en jour, et la révolution brabançonne, véritable parade politique jouée sous le règne de Joseph II, empereur d'Allemagne, ne fit rien pour sa prospérité. En 1789, elle était tombée avec indifférence au pouvoir des patriotes, le commandant de la citadelle s'étant rendu sans résistance.

En 1792, la révolution française éclata et avec elle la guerre contre l'Autriche. Après la bataille de Jemmapes, gagnée par le général Dumouriez, le général Miranda s'avança rapidement au cœur de la Belgique à la tête de l'armée victorieuse, et s'empara de la ville d'Anvers ; la citadelle se rendit ensuite par capitulation.

La seconde citation du siége de 1792 (1), où la ville, d'un commun accord, fut mise en dehors des hostilités, n'est donc pas plus heureuse que celle du siége de 1746.

Car la ville, comme dans la première circonstance, soumise aux Français, pouvait-elle être incendiée, pour nous en débusquer, par les patriotes belges qui occupaient la citadelle ?

L'année suivante le prince de Saxe-Cobourg, père du prince de Saxe-Cobourg aujourd'hui régnant, entra en Belgique, précédé d'une proclamation aussi ridicule que despotique. Il y était dit entre autres que quiconque se rendrait suspect serait pendu, et que les malintentionnés paieraient le double des impositions de guerre ; quant aux *braves gens*, que ceux-là supporteraient avec plaisir un surcroît de charges pour être délivrés des factions. Les *braves gens* n'applaudirent cependant pas à cette proclamation tudesque, et quelques magistrats allèrent faire des remontrances auprès du prince ; mais ils n'obtinrent du père de Léopold qu'un insultant refus, et on finit par payer.

Après plusieurs combats livrés contre l'armée française, les Autrichiens victorieux s'emparèrent en 1793 d'Anvers, qu'ils abandonnèrent de nouveau en 1794, sans coup férir.

____

(1) Voyez la 2ᵉ sommation du maréchal Gérard, page 84.

Retombé sous la puissance des Français, Anvers commença à voir refleurir son commerce, et l'arrêté des représentans du peuple, en date du 3 thermidor an III, proclamant la liberté de l'Escaut, et publié à Anvers le même jour, contribua à relever un peu le courage des habitans de cette ville.

Bientôt après, l'esprit vaste et entreprenant de Napoléon vint donner à cette cité une nouvelle existence L'Angleterre, si jalouse du commerce et de l'industrie de ses voisins, vit avec crainte Anvers se relever de ses ruines et menacer de redevenir le centre du commerce européen. Elle mit tout en usage pour tarir les sources de cette nouvelle prospérité, et la guerre, qui mit en question les trônes et les rois, fut le puissant levier dont elle se servit. Si la Grande-Bretagne eût permis à la France de réduire Saint-Domingue, de laisser le pavillon tricolore couvrir les mers, on aurait bientôt vu le port d'Anvers, délaissé pendant qu'il était dans les stériles et impuissantes mains de l'Autriche, retrouver son ancienne importance, ses magnifiques canaux se rouvrir, sa marine commerçante reprendre les mers, l'activité régner dans ses chantiers, et devenir en outre une station maritime redoutable à la Grande-Bretagne. Mais la guerre rallumée contre la France ne permit pas

à son chef de mettre à exécution ses gigantes-
ques projets. En 1809, les Anglais, redoutant les
immenses préparatifs de guerre que Napoléon
faisait à Anvers, tentèrent d'incendier les chantiers et les vaisseaux ; mais ils furent vigoureu-
sement repoussés, et cette expédition, tentée à
grands frais n'eut qu'un honteux résultat. Un
armement de sept cents voiles, dont cent vaisseaux de guerre avec plus de quatre-vingt mille
hommes, ne put parvenir qu'à démolir, le
15 août 1809, les arsenaux et les chantiers de
Flessingue. C'est au maréchal Bernadotte qu'on
doit les premières mesures de conservation des
établissemens maritimes d'Anvers et le salut de
cette ville. En juillet, les Anglais avaient envahi
les îles de la Zélande; le général Monet leur
avait livré Flessingue : de ce point les Anglais
menaçaient à la fois la Hollande et la Belgique.
Jamais l'Angleterre n'avait fait un armement si
formidable ; mais aussi il s'agissait de détruire
la marine française et de brûler Anvers où s'était
élevé un établissement militaire naval qui ac-
quérait chaque jour une plus forte consistance.
Quand les Anglais exécutèrent cette diversion
en Zélande, Napoléon, après la prise de Vienne,
engagé dans le cœur de l'Autriche, ne put venir
au secours de la France contre l'envahissement
des troupes anglaises, auquel tout le nord

de l'empire était exposé. Le conseil des ministres, alarmé des suites que pouvait entraîner la prise de Flessingue et la marche de l'armée anglaise sur Anvers, investit le maréchal Bernadotte du commandement des troupes destinées à s'opposer aux progrès de l'invasion. Bernadotte, animé d'un cœur vraiment français, se rendit à Anvers, où il ne trouva qu'une faible garnison ; il ne perdit pas un moment pour organiser les gardes nationales, qui manquaient d'armes et de munitions.

Bernadotte parvint à avoir bientôt douze mille hommes en état de combattre. Il réussit, par le développement d'une activité prodigieuse, et avec une poignée d'hommes qu'il sut multiplier par des évolutions savantes, à persuader à l'ennemi qu'il avait des forces considérables à lui opposer : de cette manière il en imposa à lord Chatam, commandant la flotte anglaise, et prévint ainsi toute tentative pour forcer le passage de l'Escaut. Décidé à défendre la citadelle, la ville et sa flotte jusqu'à la dernière extrémité, Bernadotte avait hautement manifesté la résolution, dans le cas où toute défense serait devenue impossible ou inutile, d'attendre dans le bassin d'Anvers, monté sur le vaisseau amiral, et entouré de toutes les autorités militaires, l'entrée des forces Britanniques, et de se faire sauter au milieu d'elles. Le général français ne fut point forcé de recourir à cette résolution extrême. Dès le mois de septembre, l'ennemi avait évacué l'île de Sud-Beveland, et le 3o du même mois, l'invincible *Armada* de lord Chatam avait abandonné ses stations pour revenir en Angleterre.

En 1814, pas plus que les autres années, les Anglais ne purent investir cette place. Carnot, qui y commandait, était prêt à résister avec vigueur à toutes les attaques des armées alliées; il refusa des avantages pécuniaires très-considérables qui lui furent offerts par l'Angleterre, qui chercha à le corrompre, afin de le décider à rendre la ville. Ce ne fut qu'après qu'il eut reçu du comte d'Artois, lieutenant-général de France, la notification officielle du retour des Bourbons, et l'ordre de rentrer en France, qu'il se retira de la ville et de la forteresse.

Depuis lors, Anvers, après la chute de Napoléon, a définitivement continué à faire partie du nouveau royaume des Pays-Bas, sous la dynastie de la maison d'Orange-Nassau.

Les quinze années de paix qui suivirent la bataille de Waterloo permirent à la ville d'Anvers de réparer les pertes immenses que les révoltes, les guerres, les pillages lui avaient successivement occasionées. Son port recommençait à devenir le plus fréquenté de l'Europe; la richesse, l'opulence et le commerce s'étaient de nouveau réfugiés dans son sein, quand éclata en septembre 1830 l'insurrection des provinces belges.

Le prince d'Orange, fils aîné du roi Guillaume, héritier présomptif de la couronne des Pays-Bas, y était arrivé le 5 du mois d'octobre dans l'espoir d'arrêter, par sa présence, les progrès de l'insurrection belge ; mais il épuisa en vain tous les moyens de conciliation ; l'impulsion était donnée, rien ne pouvait plus faire rouvrir les yeux à un peuple en délire qu'une victoire inespérée entraînait de plus en plus dans sa fatale erreur.

Il n'y avait qu'une voix pour accorder à cette opulente cité un rang distingué parmi toutes les villes du monde, avant la malheureuse insurrection de septembre : située dans une plaine à la droite de l'Escaut, où ce fleuve la sépare de la Flandre, à 35 lieues S. d'Amsterdam, 10 lieues N. de Bruxelles, et 25 lieues S. S. E. de La Haye, lat. N. 51° 13′ 16″, L. E. 2° 3′ 55″, elle communique avec Bruxelles par un canal qui aboutit au Ruppel, à Willebroheck, vis-à-vis de Boom, et par la chaussée qui va de Bruxelles à Bréda et à Amsterdam. Elle communique avec Gand par la chaussée qui passe à St.-Nicolas et à Lokeren ; avec Bréda, avec Berg-op-Zoom, par l'embranchement qui se fait à gauche, et avec Bois-le-Duc par celui qui se fait à droite sur la route de Bréda à Amsterdam; avec Lierre, par l'embranchement qui a lieu sur la route de Bruxelles, à une petite lieue d'Anvers, et avec Louvain par celui qui s'effectue à Malines. C'est le siége du gouvernement de la province, d'un tribunal de première instance du ressort de la Cour supérieure de Bruxelles, et d'un tribunal de commerce. Elle a 212 rues bien pavées, la plupart larges et droites, et 22 places publiques. Les maisons sont en pierre et en brique. On voit sur la place de Meer, qui est fort belle, le ci-devant palais impérial. L'hôtel-de-ville, bâti en marbre, est d'une belle architecture : il fut commencé en 1560, brûlé en 1576 et rebâti en 1581. La cathédrale, chef-d'œuvre d'architecture gothique, est un des plus beaux temples de l'Europe. Elle a 500 pieds de long sur 240 de large; 125 colonnes y soutiennent 213 arcades voûtées. La grande tour dont elle est surmontée a été commencée en 1422, et achevée en 1517; elle a 526 pieds de haut avec la croix. Elle est bâtie en pierres de taille et à jour; le carillon qu'elle renferme est un des plus beaux de la Belgique : il est composé de soixante cloches, dont une pèse, dit-on, seize mille livres. Ce carillon fut fait en 1540. A l'exception de Saint-Pierre de Rome et de Saint-Paul de Londres, le vaisseau de cette église est le plus parfait des temps modernes. On y admire l'Elévation de la croix, et la Déscente de Rubens, ainsi que d'autres tableaux de grands maîtres. Parmi les épitaphes, on distingue celles de Moretus et de Plantin, qui se sont immortalisés dans l'art typographique. Au bas de la tour on voit l'épitaphe du célèbre Quintin Matsys, qui passa avec un égal succès de l'enclume au chevalet ; en face de son tombeau on remarque ce fameux puits dont la ferrure a été faite au marteau sans secours de la lime. L'église de Saint-Jacques, une des cinq églises paroissiales d'Anvers, renferme le tombeau de Rubens ; il est placé dans une chapelle derrière le sanctuaire : on voit sur l'autel un tableau, peint par ce grand maître, qui retrace fidèlement les traits de Rubens, sous la figure d'un St.-Georges. La Bourse est une des plus belles de l'Europe ; c'est sur son modèle qu'ont été bâties celles d'Amsterdam et de Londres. Elle a 180 pieds de longueur sur 140 de largeur. On y entre par quatre grilles de fer. La maison anséatique, le bassin, les ponts à bascule et tournans, les six portes de la ville, le bagne, les chantiers, la cale d'embarquement, les églises de St.-Jacques, de St.-André et le théâtre, sont des édifices remarquables. Anvers possède une machine hydraulique très-ingénieuse, dont la construction est due à G. Van

Schoonbecke. Les environs offrent des promé-
nades charmantes, entre autres le parc ou la
pépinière. Les faubourgs sont magnifiques, surtout celui de Borgerhout. Le port est profond
et commode, et peut contenir au moins mille
navires, qui, au moyen des canaux, pénètrent
dans l'intérieur de la ville. L'Escaut a dans cet
endroit seize cents pieds de large, et une grande
profondeur. La marée monte à plus de douze
pieds. Anvers est, en quelque sorte, le berceau
des arts des Pays-Bas. L'académie de peinture
date du xve siècle. Le roi y fonda, en 1817, une
académie de peinture, sculpture, architecture
et gravure, sous le nom d'Académie royale des
beaux-arts. Il y a aussi un athénée ou grand
collége, une académie des sciences, des écoles
de navigation, trois hôpitaux civils, deux hôpitaux militaires, cinq hospices d'orphelins,
trois casernes et vingt-six hospices de fondation
pieuse, connus sous le nom de Maisons de Dieu,
un musée, une bibliothèque publique, un jardin
botanique, un jury médical. L'arsenal est considérable. Anvers a des manufactures de soie,
de mousselines, de toile cirée, de draps, des
fabriques de bas de soie, de bas de coton, de
dentelles, de chapeaux, de tapis de haute-lisse,
de velours de coton, de futaines, de siamoises,
d'ouvrages d'or et d'argent, de cartes à jouer,
de tabac, de potasse, d'eau-forte; des blanchis-

series, des savonneries, des raffineries de sucre,
des filatures de coton et des tanneries. Les dia-
mans et autres pierres précieuses y sont très-
bien taillés : on en exporte beaucoup dans le
Levant. Cette ville fait un grand commerce en
grains, et reçoit des navires de toutes les parties
du monde. C'est la patrie du géographe Ortelius;
des historiens Gramaye, Sanderus, Swertius,
Papenbroek, Butkens et Van Meteren; des ty-
pographes Moretus et Plantin, du philologue
Jean Gruter, du jurisconsulte Stockmans, du
sculpteur Duquesnoy; des peintres Jordaens,
Messeius, Teniers, Rubens, Van Dyck, Crayer
et Herreyns. Elle concourt à la nomination des
états de la province pour treize membres. Sa
population est de 70,000 habitans.

Parmi les bâtimens remarquables de cette
ville indiqués ci-dessus, la Bourse mérite une
mention toute particulière; les marchands et
négocians de la ville et les étrangers s'y assem-
blent journellement vers l'heure du midi. Elle
pourrait aller de pair avec les bourses de Londres et d'Amsterdam, si le commerce y florissait
comme aux beaux jours de la splendeur et de
la richesse de cette ville. Elle fut bâtie en 1531
par ordre des magistrats de la ville, pour favoriser le commerce public, et donner à toutes
les classes plus de facilité pour les achats et les
ventes. Elle est soutenue par quarante-trois

piliers de pierre bleue, qui forment une galerie tout autour de la place. D'après les documens existans de nos jours, ce bâtiment doit avoir coûté à la ville plus de trois cent mille écus. Il y a aussi plusieurs voûtes souterraines qui peuvent servir de magasins aux marchandises; il y a au-dessus une grande salle, qui sert d'académie de dessin, de sculpture, de peinture et d'architecture, enseignés par les artistes les plus célèbres de l'époque.

La maison anséatique, dite des *oosterlingen*, est encore un des beaux bâtimens publics dont s'honore et se glorifie la cité d'Anvers : bâtie en 1568 pour la commodité des marchands étrangers, aux frais de la ville et des principales maisons de commerce, elle contient trois cents chambres exclusivement destinées au service des négocians des pays étrangers, des magasins spacieux et commodes pour les dépôts de marchandises de toute espèce, et a une largeur de plus de deux cent trente pieds, et sa longueur n'est pas moindre.

La domination des Pays-Bas avait donné à la ville d'Anvers une importance commerciale, qui n'est bien sentie que depuis la catastrophe de septembre. Déjà cette malheureuse cité a vu se renouveler cette émigration qui ruina son commerce en 1585 lorsque le duc de Parme s'en empara pour l'Espagne. Alors, comme nous l'avons fait remarquer, cent mille habitans des Flandres qui n'existaient que du commerce d'Anvers, émigrèrent et suivirent les riches industriels de cette ville, qui furent avec leurs richesses se fixer à Amsterdam et dans les autres villes de la Hollande. Les maux produits par la fermeture de l'Escaut auront aujourd'hui les mêmes résultats. Chaque jour des vaisseaux de compagnies partent à l'aventure et vont chercher une patrie où les factions cléricales ne sacrifient point à leur ambitieux fanatisme le commerce, bienfait de la civilisation.

Nous ne voulions écrire que l'histoire de notre campagne de 1832 en Belgique, et nous avons été entraîné malgré nous dans les champs de la politique et dans celui de la géographie descriptive. Tout s'enchaîne dans cette Belgique, qui, aux portes de la France, est aussi inconnue à nos compatriotes que les Etats du centre de l'Afrique, naguère visités par Caillé.

Nous terminerons ce volume, destiné d'abord à n'être qu'une brochure, par la relation d'un fait qui donnera une idée de l'influence du clergé. Si ce fait pouvait être démenti, nous consentirions à passer jugement sur tout le reste de l'ouvrage.

Nous lûmes dans un journal la note ci-après, et elle nous donna le désir d'assister aux opérations d'un collége électoral.

« Un épisode assez singulier, et sur lequel
» nous reviendrons, s'est passé dans un des bu-
» reaux, le 11 décembre 1832, lors de l'élection
» de M. *Techman*. Un électeur de campagne
» est venu déposer sur le bureau une lettre
» écrite par son curé, dans laquelle on lui
» recommande, dans l'*intérêt de la religion*,
» d'être exact aux heures où commenceraient
» les opérations électorales. La lettre renfermait
» un billet écrit de la même main, qui portait
» le nom de M. Ivan Deman d'Attenrode. Qu'on
» dise encore que ces messieurs n'entendent pas
» leur affaire! Nous allons voir comment l'*In-*
» *dépendant* (1) et l'*Union* (2) expliquent ce petit
» tour. »   (*Le Libéral.*)

Nous voulûmes donc voir comment on procédait aux élections, et nous nous rendîmes dans le local où devaient se réunir les électeurs.

Des groupes étaient formés dans chaque encoignure de la salle, et un prêtre semblait veiller à ce que ses paroissiens ne pussent se

(1) Journal appartenant au ministre de la justice Lebeau.
(2) Journal de M. Félix de Mérode, portant pour épigraphe : Dieu et la Liberté.

mettre en rapport avec les esprits forts, qui, placés au centre de l'appartement, essayaient de temps en temps, lorsque le factionnaire en soutane tournait le dos, d'échanger des signes d'intelligence avec les électeurs que le prêtre tenait en charte privée. Je voulus me mêler à un des troupeaux d'élection, et bien vite le prête s'interposa entre ses ouailles et moi. « Que voulez-vous ? me dit-il en colère. — Mais rien, monsieur l'abbé; causer seulement avec ces braves gens. — On ne cause pas, me dit-il; on prie Dieu, dans cette grande circonstance, de nous inspirer un bon choix..... — Ah ! lui dis-je, c'est différent. » Le moment de voter arriva, et ce ne fut qu'après avoir dit un mot à l'oreille et glissé dans la main de chacun des hommes du troupeau électoral sanctifié par la prière un petit billet sur lequel était le nom du candidat désigné par la faction de M. de Mérode, que le digne prêtre permit aux électeurs dont la direction lui était confiée, de se rendre au bureau du président déposer leur billet.

FIN.

PARIS, IMPRIMERIE DE DECOURCHANT.

www.ingramcontent.com/pod-product-compliance
Lightning Source LLC
LaVergne TN
LVHW020107060726
842526LV00004B/1027